以文兴道
化成天下

上海互联网企业文化建设巡礼

何继良　徐正初 ◎ 主　编

冯　卫　王　程 ◎ 副主编

上海三联书店

图书在版编目（CIP）数据

以文兴道 化成天下：上海互联网企业文化建设巡礼 /
上海市网络文化协会编. -- 上海：上海三联书店，2024.9.
-- ISBN 978-7-5426-8612-1

Ⅰ. F276.44

中国国家版本馆 CIP 数据核字第 2024FM8177 号

以文兴道 化成天下：上海互联网企业文化建设巡礼

编　　者 / 上海市网络文化协会

主　　编 / 何继良　徐正初

副 主 编 / 冯 卫　王　程

责任编辑 / 方　舟

审　　读 / 方立平

装帧设计 / 一本好书

监　　制 / 姚　军

责任校对 / 王凌霄

校　　对 / 莲　子

出版发行 / 上海三联书店

　　　　（200041）中国上海市静安区威海路 755 号 30 楼

邮　　箱 / sdxsanlian@sina.com

联系电话 / 编辑部 :021-22895517

　　　　　发行部 :021-22895559

印　　刷 / 上海盛通时代印刷有限公司

版　　次 / 2024 年 9 月第 1 版

印　　次 / 2024 年 9 月第 1 次印刷

开　　本 / 710mm × 1000mm　1/16

字　　数 / 151 千字

印　　张 / 11.5

书　　号 / ISBN 978-7-5426-8612-1/F · 925

定　　价 / 118.00 元

敬启读者, 如发现本书有印装质量问题, 请与印刷厂联系 021-37910000

目　录

序 言

习近平总书记指出，培育积极健康、向上向善的网络文化，用社会主义核心价值观和人类优秀文明成果滋养人心、滋养社会。习近平总书记强调，网络空间是亿万民众共同的精神家园。网络空间天朗气清、生态良好，符合人民利益。

当前，以互联网为代表的新一轮科技革命和产业变革日新月异、飞速发展，对人类生活各领域产生了深刻影响、带来了巨大变化。党的十八大以来，习近平总书记准确把握信息时代的"时"与"势"，紧密结合我国互联网发展治理实践，就网络安全和信息化工作提出了一系列新理念、新思想、新战略，形成了内涵丰富、科学系统的习近平总书记关于网络强国的重要思想，为我们做好新时代网信工作，发展积极健康的网络文化指明了前进方向，提供了根本遵循。

互联网是传播人类优秀文化、弘扬正能量的重要载体。优秀的网络文化不仅为网民营建积极向上的网络舆论氛围，还为网民提供了多层次、多样化的网络文化产品，促进整个社会和谐、健康、有序发展。互联网企业作为网络平台，理应担负天然的责任和义务，积极践行社会主义核心价值观，自觉建设弘扬主旋律、传播正能量的网络文化，发展格调高雅、内容清新的网络文化，塑造兴趣高尚、境界高大的网络文化。

多年来，上海的互联网企业在打造优质多样、特色鲜明的文化建设工程中，加强组织领导，精心挖掘培育，注重创建实效，强化典型引导，从企业的实际出发，通过内聚精神、外塑形象，形成具有企业特色的文化建设创新思路、实践途径和有效方法，涌现出了一大批理念先进、思路新颖、模式成功的经典案例，极大地丰富了上海网络文化建设的内涵和外延，增强了广大互联网企业员工的主体意识，激发了互联网企业的创新活力和发展劲头，进一步推动全市互联网企业文化建设的整体水平再上新台阶。

上海市网络文化协会作为一家互联网领域"以文兴网、以网载道"的专业性网络社会组织，成立十几年来，在市委宣传部、市委网信办领导下，坚持把互联网企业文化建设融入建设网络强国、数字经济高质量发展大局，围绕不断夯实会员单位企业文化建设能力，以促进会员单位全面发展为抓手，凝聚社会共识和行业力量，精心培育和打造主题内涵深、品牌叫得响、工作措施实的互联网企业文化建设品牌，团结引领会员单位，共同建设网络文明、构建网络文化、传播网络正能量，打造网上网下同心圆，起到了网络社会组织的引领、枢纽和桥梁作用。

为总结和宣传上海互联网企业在文化建设方面的经验和做法，协会在深入调查研究的基础上，在会员单位中进行了广泛征稿和组稿，遴选了26篇企业文化建设方面的典型案例，作为互联网"以文兴道、化成天下"的有力注脚，也是对上海互联网企业文化建设的一次实地探访和成果展示。

概括本书的编撰工作，呈现出以下三个鲜明特色：

一是具有广泛性，代表了上海互联网企业文化建设的整体水平。本书入选的26家单位，基本代表了上海互联网行业在新闻信息类、网络社交类、网络音视频类、网络游戏类、电子商务类、生活服务类、网络安全类等八个类别中的顶尖企业，既体现他们企业文化建设特色亮点，又反映企业业务发展路径、品牌本质和核心要求，这些凝练别致、寓意深刻的文化品牌，是上海互联网企业文化建设的生动体现和典型代表。

二是具有多样性，呈现出上海互联网企业文化建设的丰富多彩。本书推介的26家单位，公司性质不尽相同，企业文化建设开展时间长短不一，但他们重视围绕企业自身特质和业务专长开展文化建设，构筑适应企业自身发展、且对员工起到主导作用的价值文化理念体系，发掘特色、培育特色、凸显特色，不断扩大企业文化品牌的影响力和带动力，通过构建特色企业文化，适应新形势新要求，引领员工队伍共创佳绩。这些企业的特色文化，进一步呈现出上海互联网企业文化建设的精彩场景和多样态势，形成"百花齐放"的良好局面。

三是具有实效性，展示上海互联网企业文化建设的做法和经验。本书收入的 26 篇文章，既充分反映上海互联网企业在主营业务上的攻坚克难、创业创新的精、气、神，又把上海互联网企业在新一轮互联网竞争态势下，迎难而上、创新创业，取得不凡成就、傲视群雄的经验做法作了分享，也把企业重视文化建设进而凝聚人才、凝聚人心对业务发展"反哺"助推作用公之于众，体现了上海互联网企业在文化建设方面的独到见识和创新精神，十分具有借鉴作用和参考价值。

本书的出版，是上海互联网企业文化建设阶段性成果的总结，是一次全方位巡礼，也是上海互联网企业推进文化建设的新动员，在新的起点上，通过提升组织文化内涵、深化员工价值共识、激励企业高质量发展，进而推动上海互联网行业不断迈上新台阶。

编者

2024 年 6 月

打造融媒时代主流媒体
培育向上向善网络文化

（解放日报·上观新闻）

一、组织简介

解放日报·上观新闻是中共上海市委机关报《解放日报》旗下的一家以报道时政、政经新闻为主的"大时政"报道头部平台，是上海建设习近平文化思想最佳实践地的重要支撑。2014年，推出新闻客户端"上海观察"。2016年，"上海观察"更名为"上观新闻"。

上观新闻客户端立足上海、放眼全国、观察世界，通过新闻报道、深度调查、数据分析、热点评论、视频直播等多种形式，为用户提供政治、经济、文化、社会等领域的实时资讯和深度报道。除客户端外，解放日报·上观新闻还打造了包括网站、微博、微信公众号、视频号等在内的上观新闻品牌全媒体矩阵，其中20余个微信公众号正逐步形成深耕垂类、定位明晰、类型丰富、特色鲜明的传播新生态。

解放日报·上观新闻曾获全国和上海市先进基层党组织、全国和上海市文明单位等荣誉，年均数十件作品获中国新闻奖、上海新闻奖等各级各类新闻奖项。

二、理念系统

上观新闻是《解放日报》深度融合、整体转型的产物和载体，是上海市委在互联网传播领域的重要平台。传承《解放日报》党报姓党、政治家办报宗旨理念，上观新闻以"站上海，观天下"为使命，紧紧围绕打造"头部时政平台"目标定位，以"讲政治"为核心价值，集中资源、优化机制、拓展渠道，做强时政内容、凸显上海特色、建立专业化队伍，提升品牌影响力。十年来，解放日报·上观新闻坚持守正创新，有力有效履行主流媒体职责使命，不断巩固壮大主流思想舆论阵地，奋力打造新时代互联网宣传思想理论高地。

三、实践做法

解放日报·上观新闻始终将企业文化建设作为提升核心竞争力、推动融合发展的重要支撑。对内通过凝聚价值共识、设置业务标准和文化制度建设等强化员工的"政治家"意识，营造浓厚的政务新媒体氛围；对外通过内容创新、技术赋能等优化新闻舆论的传播力、引导力、影响力、公信力，全方位做大做强网络平台，巩固提升主流媒体在新的舆论格局中的话语权。

（一）文化建设，提升企业内驱力

1. 凝聚价值共识，强化政治引领

坚持党性原则，以习近平新时代中国特色社会主义思想为指导，将社会主义核心价值观融入企业文化之中，将"讲政治"三字刻进企业文化血脉之中。

新闻宣传工作是政治工作，讲政治是第一要求。解放日报·上观新闻通过举办企业文化宣讲、开展主题教育、组织学习交流等活动，引导全体员工尤其是采编人员旗帜鲜明地讲政治，不断强化政治意识、提升政治能力，最终将讲政治实实在在落实到每一篇稿件、每一个产品、每一张图片、每一个标题当中，把讲政治落实落细，落到每一个人。同时，注重发挥党员的先锋模范作用，推动党员在文化建设中走在前列、干在实处。

2. 设置业务标准，提升专业素养

结合新闻行业的特点和新媒体发展趋势，解放日报·上观新闻制定了一系列业务标准和工作规范，包括新闻报道的选题标准、编辑流程、发布规范等。通过严格执行这些标准，全面落实意识形态和舆论导向管理主体责任，把讲政治贯穿到新闻生产的各个环节。坚持定期研究舆论导向，每周通报情况，每月分析研判，从思想上、流程上不断完善导向把关"三审制"，确保新闻产品的正确导向。坚持社会效益优先原则，在新闻生产中不唯流量和点击率，坚守党媒初心使命，以传递正能量为己任，实现正能量与大流量的同频共振。注重员工的业务培训和技能提升，定期组织全员培训、作品交流、实战培训和专家授课等，不断提高员工的专业素养和工作能力。

3. 完善内控制度，保障文化落地

为确保企业文化的深入贯彻和有效落地，解放日报·上观新闻以制度化的方式将企业文化理念转化为实际行动。首先，精心编制员工手册和制度汇编，将其作为员工行为指南，使每一位员工都能清晰地了解并认同企业文化。其次，为了激发员工的积极性和创造性，建立了激励机制和职业晋升通道，通过采编专业职务序列政策、首席评聘等，将企业文化理念转化为具体的行动和制度保障。通过完善内控制度，确保企业文化有效落地，提升报社的整体运营效率，也为报社高质量发展奠定坚实的基础。此外，发挥群团组织作用，开展丰富多彩的文体活动，如上观新闻十周年"健步走"、绘画书法等活动，丰富员工文化生活，进一步强化了企业文化建设的成果。

（二）"内功"外化，激发融合创新力

1. 坚持正确导向，扩大主流舆论版图

解放日报·上观新闻始终坚守党报姓党宗旨原则，围绕中央、市委中心工作，不断优化内容生产方式，持续打造出一批有思想含量、有价值增量的融媒产品，在复杂多元的舆论场中唱响主旋律、壮大正能量。

上观启动"信仰之路"建党百年主题报道，记者整装待发

立体式宣传，放大主流声量。2021年是中国共产党成立100周年，解放日报·上观新闻紧扣"信仰"主题，突出"精神"主线，启动了"信仰之路"建党百年主题报道项目，近百名中青年采编人员采制文字报道近50万字，视频近100个、图片1万多张，擦亮上海

"党的诞生地"这张鲜亮名片。品牌化打造，提升传播效能。精心打造融媒IP产品——《百姓话思想·习近平新时代中国特色社会主义思想在上海的实践案例》系列视频，通过不同领域、不同行业普通百姓朴实鲜活的工作和生活故事，形象阐释习近平新时代中国特色社会主义思想在上海的生动实践与理论意义，以小切口谈大主题，以小故事见大价值，使党报的理论宣传更富亲和力、更具感召力。国际化视角，讲好中国故事。为迎接改革开放45周年，先后推出"世界眼光　中国故事"系列双语访谈和"外企掌门人谈改革开放""我在上海·对话总领事"系列报道，邀请外籍人士讲述他们在中国工作、生活的所思所感，立体呈现外国驻沪总领事在上海生活工作的真实感受，以国际视角讲好上海故事、中国故事，传播中国声音。

2. 深化融合创新，提升党媒品牌价值

上线十年来，解放日报·上观新闻始终坚持以企业文化建设助推媒体深度融合，逐渐走出一条适合党媒融合发展的新路，媒体传播力、影响力不断跃升。

（1）重塑机制流程。2016年解放日报·上观新闻启动实施"深度融合、整体转型"，建立融媒体生产机制，启用融媒体指挥中心，打破原有

的采编流程和绩效考核制度，优化整合采编资源、生产要素，更好地适应新媒体生产和运作。2019年启动流程机制技术平台"一三五"融合项目，进一步优化策划指挥流程，完善管理激励机制。（2）壮大融媒矩阵。通过打造"上观号"政务新闻聚合平台、上观公众号矩阵等内容方阵，有效整合了政务资源和社会资源，形成了具有鲜明特色的传播新格局。（3）技术赋能采编。建立以内容建设为根本、先进技术为支撑、创新管理为保障的全媒体传播体系。自主开发建设"AI赋能的媒体融合智能生产平台"——融媒一网通，集人工智能、大数据等新技术为一体，重构融媒体新闻产品生产流程。

3. 履行社会责任，彰显党媒使命担当

解放日报·上观新闻坚守党媒责任担当，针对市民群众普遍关心的问题，深入一线调研，通过公开报道等形式，推动政府部门采取措施解决问题。

（1）关注民生热点。建设性开展舆论监督报道，聚焦城市公共服务、城市管理运行中的堵点难点，"解放热线·夏令行动"以舆论监督报道、视频直播等形式积极为申城发展建言献策，帮助改进提升城市治理。（2）做强辟谣平台。开设"上海网络辟谣"平台，上海疫情发生期间，主动做好议题设置和舆论引导，第一时间对冲虚假信息和不实言论，澄清事实还原真相，"上海网络辟谣"成为全国各级媒体澄清上海涉疫谣言的主要稿源，平台稿件总阅读量达千万，全网转发阅读140亿次，形成现象级传播效果，彰显主流媒体舆论引导"压舱石"作用。（3）畅通建言渠道，站稳人民立场。2016年推出"民情12345"栏目，倾听民声、纾解民困；2020年推出"民声"频道，以记者的实地走访调查，反映群众意见，链接政府部门，回应百姓诉求；2023年推出群众工作新品牌——"民声直通车"，新增同名微信公众号、视频号、抖音号和微博账号，加强交流互动，成为党媒与读者实现有效链接的新通道。

（三）实干笃行，扩大社会影响力

1. 继续保持行业排头兵地位

在企业文化建设的推动下，十年来解放日报·上观新闻在媒体融合的道路上不懈探索、蹄疾步稳，取得了一定的成绩，也得到了来自中央和市委各级领导的肯定和赞赏。

首先，模式得到认可。2018年9月中宣部在上海召开媒体深度融合现场推进会，研究借鉴解放日报·上观新闻整体转型的改革经验。时任中宣部副部长徐麟带队，中央有关部门、各省区市党委宣传部以及中央和地方主要媒体负责同志，部分高校新闻院系专家学者等170余人观摩了上观新闻采编平台。

其次，作品得到认可。2022年至2023年解放日报·上观新闻稿件受中央、市委领导肯定和批示表扬29次，受中宣部、市委宣传部、市委网信办阅评表扬90次，4件作品获评中国新闻奖、42件获评上海新闻奖。

2. 继续发挥积极社会效益

长期以来，解放日报·上观新闻高度重视公益工作，积极发起和参与各类社会公益活动。2014年推出"哎哟不怕"微信公众号，组成志愿者团队，积极传播科学防癌知识、开展讲座、义诊和原创话剧等活动，线上线下志愿服务活动受众超过了60万人次。2023年与杨家宅签订第五轮结对帮扶协议，员工自发筹集爱心款30多万元，并开展文化帮扶、送医

上观参与宣传部"文明与文化同行"公益市集，现场开展公益宣讲和"民声"咨询服务

进村、送戏下乡、送课上门等活动。持续深化"文明与文化同行"主题实践活动，壮大3·15为民服务、公益讲坛、爱心暑托班等特色文化项目。

开放日，媒体同行正参与"翻翻乐"互动游戏

解放日报·上观新闻的这些努力得到了社会各界的认可，2022年3个集体分别荣获全国工人先锋号、上海市巾帼文明岗、上海市三八红旗集体，"哎哟不怕"抗癌公益项目荣获上海市志愿服务先进典型。2023年2个集体分别获评全国巾帼文明岗、上海市工人先锋号、上海巾帼文明岗。

供稿：秦红、李元珺

全面打造报网融合发展的"头部人文平台"

（文汇网）

一、组织简介

文汇网是以新闻为主的大型网上信息发布平台，2010 年 8 月正式上线。文汇网作为全国人文大报报网融合互动传播的重要组成部分，与文汇报"一体两翼"融合发展，现有员工 243 人。

近年来，文汇网紧紧围绕打造"头部人文平台"建设目标，坚持报、网、端、微、号"五位一体"，目前已形成包括文汇报、文汇网、文汇客户端、官方微博和微信，以及文汇人民号、头条号、抖音号、视频号等近 60 个新媒体端口的全媒体传播矩阵，覆盖读者用户人数超过 2100 万，全网年阅读量超过 20 亿次，在唱响主旋律、弘扬正能量、振奋精气神，巩固壮大网上主流思想舆论等方面充分发挥舆论引导作用。

文汇网各平台每年获中宣部领导、市委领导的各类批示表扬 10 次左右，获全国和上海新闻奖等各类业务奖项 100 多件次，100 多篇全媒体产品获中央网信办和市委网信办全网推送；三年共有 20 余位个人和部门获全国三八红旗手、上海长江韬奋奖、上海工人先锋号、上海志愿者协会最佳合作伙伴等荣誉。

二、理念系统

文汇网坚持以习近平新时代中国特色社会主义思想为指导，全面贯彻落实党的二十大以及习近平总书记考察上海重要讲话精神,深入学习贯彻习近平文化思想,聚焦推动文化繁荣、建设文化强国、建设中华民族现代文明这一新的文化使命,全力以赴举旗帜、聚民心、育新人、兴文化、展形象,牢牢把握正确政治方向、舆论导向、价值取向;紧紧围绕贯彻落实习近平总书记关于建设网络强国、构建清朗网络空间的重要论述,高度重视自身文化建设,着力打造报网融合发展的"头部人文平台",持续做精做强人文特色内容,加快构建媒体新质生产力,为上海建设习近平文化思想最佳实践地书写文汇答卷。

三、实践做法

(一)聚焦方向导向,全面落实意识形态工作责任制

文汇网坚持以党的政治建设为统领,始终把学习贯彻习近平新时代中国特色社会主义思想作为主心骨和定盘星,深刻领悟"两个确立"的决定性意义,增强"四个意识"、坚定"四个自信"、做到"两个维护",不断提高团队的政治判断力、政治领悟力、政治执行力。结合党史学习教育、学习贯彻习近平新时代中国特色社会主义思想主题教育等,通过专题学习研讨、支部"三会一课"、主题党日等多种形式,开展分层次、全覆盖的全员学习,在学习中领会思想,在实干中践行初心。

始终把意识形态工作摆在重要位置,把意识形态导向管理作为中心组学习会、每周例会、每日编前会的重要内容,及时传达落实上级有关指

"大家聊巨变"入选第三届中国报业深度融合发展创新案例

示精神，压紧压实工作责任。持续做好每日舆情通报分析研判工作，加强对宣传通知的传达管理，将工作要求落实到每一个重要岗位、每一个关键环节、每一个敏感时段，坚决守住意识形态安全防线。近年来，文汇网没有出现过政治导向偏差，各项工作平稳有序推进。

（二）聚焦使命任务，全面强化网络宣传舆论引导

文汇网聚焦举旗帜、聚民心、育新人、兴文化、展形象的使命任务，紧紧围绕中心、服务大局，全面加强意识形态阵地建设和管理，巩固壮大奋进新时代的主流思想舆论。

2022 年 10 月，在党的二十大前夕，推出"大家"系列纪录短片第一部《大家聊巨变》，共两季 14 集，以学者视角阐释习近平新时代中国特色社会主义思想在上海的生动实践，将学理性观察与场景化讲述有机融合，打造了充满魅力的"思想课堂"。首季全网总浏览量达 2.5 亿次，并获评上海新闻奖一等奖、中国记协"党的二十大报道融创精品十大案例"，取得了很好的传播效果与社会反响。

《大家聊创新》海报

2023 年 7 月，结合主题教育，推出"大家"系列第二部《大家聊创新》第一季；2024 年 3 月，在深入学习贯彻总书记考察上海重要讲话精神之际，在全国两会召开之时，推出《大家聊创新》第二季。两季共 10 集，邀请奋战创新一线的科学家、业界大咖讲述他们的奋斗故事，展现上海以科技创新为引领，努力实现高水平科技自立自强新突破，加快向具有全球影响力的科技创新中心迈进的生动实践。据不完全统计，《大家聊创新》第一季总覆盖量达 3631 万次，播放量达 1566 万次；第二季全网总浏览量约 3300 万次，其中海外浏览量约 200 万次。近期《大家聊创新》系列短视频已入选中央网信办 2023 年网络正能量专题专栏。

（三）聚焦特色优势，全面打响人文思想文化品牌

文汇网立足人文特色优势，坚持为读者提供有品质引领、有价值导向、有人文情怀的资讯和内容，全面提升内容品质，呈现专业态度，强化价值引领。

2021 年中宣部等五部委联合发出《关于加强新时代文艺评论工作的指导意见》后，在全国媒体中第一个推出"文艺评论"专辑，2022 年推出"文艺评论"视频号，聚焦热点文艺现象，及时开展题材丰富的文艺评论，有力引导舆论、市场和大众，受到业界高度关注。

加强对"大文化"板块内容产品的融合传播，形成矩阵强势发力。出品《艺术遇见上海》系列短视频，记录名家名作亮相申城的台前幕后，定格全球艺术家"遇见上海"的美好时刻，在海内外发帖及转载的总浏览量超过 30 万次，荣获 2023 年上海市"银鸽奖"。"艺见"工作室形成了以人物专访、现象快评、影视焦点、新闻在现场四级不同侧重、不同体量的产品矩阵，在受众中基本确立了内容品牌调性。如今年 2 月第二届中国电视剧年度盛典播出，工作室紧跟热点，发布 3 条爆款短视频，获得 2000 万以上的播放量。

依托"文汇理论"周刊，开设"理论"频道，充分利用在社科界、思想界、理论界的专家资源优势，深入做好习近平新时代中国特色社会主义思想的学理化阐释，打响文汇思想理论宣传品牌。截至目前，一批"10 万＋"的理论文章被新华网、学习强国等转发，《用好调查研究这个传家宝》《中国式现代化的三重实践向度》等理论文章被《新华文摘》收录，《把握主题教育"同题共答"的理论基础》被中央网信办全网推送，系列纪录短片《大家聊巨变》之《桑玉成：架起彩虹桥》获评全国优秀理论宣讲微视频。

（四）聚焦团队建设，全面锤炼队伍激发活力

文汇网深化整合融媒资源，推出"1+10+N"融媒矩阵，在融媒体视频聚合部基础上，组建融媒体战略运营部，同时孵化提升文艺评论、文汇视讯等10个融媒工作室，全覆盖推进融媒轻骑兵，全面加强全媒体传播体系建设。比如，成立刚满1年半的"冲呀花花采访团"冲劲十足，制作发布的《花花探营：带着习爷爷的邀请我们来中国了》《一带一路朋友圈》等多个系列视频，先后被外交部官号和外交部发言人转发；《"花花探友"之美国华盛顿州斯特拉孔市市长穆里：我在上海过大寿》荣获2023年上海市"银鸽奖"；视频《寒冷夜，中美青年焐热浦江》被中国驻美国大使转发。

结合主题教育，组织选派政治素质好、业务能力强的骨干记者，以"蹲点式＋调研、沉浸式＋采访、体验式＋下沉"等多种形式，深入社区、企业等开展蹲点式调研报道，在实践中锤炼队伍。推出的系列报道《蹲点调研记》之"大厂里的小学徒""养老院里的年轻人""老社区来了新社工"等，同时配发的3篇"文汇时评"，受到市委宣传部阅评表扬。把大兴调查研究作为破难题、促发展、办实事、解民忧的重要抓手，围绕年轻干部队伍的培养建设、青年采编人员融合创新裉节问题等主题开展调研，提出了一批管用好用的政策措施，形成了破解难题的工作思路。

加强团队教育培训工作，每年组织开展集中轮训、全员培训、新员工培训、融媒技能培训、网络教育等各类培训，通过专题训练、实战演练、业务研讨、观摩交流等多种方式，积极引导采编人员向全媒型记者编辑转型。如，2023年融媒业务分享会已举办了8期，相关负责人交流分享了在重大融媒报道中的经验做法；开展新进人员采编资格考试培训、学习强国和青年大学习在线学习等，引导广大采编人员不断提升岗位履职能力；举行新进员工培训，对近三年新进人员开展制度学习和职业道德教育，扣好入职"第一粒扣子"。

（五）聚焦为民服务，全面践行网络媒体社会责任

文汇网把为民办实事与推进人民城市建设、深入实施民心工程结合起来，全力打造以"读者"频道、"民生"专栏、"上海民心工程回访"系列报道、蹲点调研以及内参等多维度民生报道矩阵，将群众获得感、幸福感和安全感作为工作的根本出发点和落脚点，全力践行媒体社会责任。各部门对采访中发现的群众"急难愁盼"问题，以内参的形式向上反映，积极建言献策，推动具体问题的解决。三年共刊发内参30余篇，其中10余篇获得市领导批示。

在2022年防疫抗疫报道中，开设"上海抗疫·口述实录""平凡人的不平凡战疫"等专题专栏，共组织刊发各类报道及评论1.3万余篇，紧紧守牢宣传舆论阵地，为上海疫情防控营造良好舆论氛围。推出"战疫·24小时服务平台"，紧盯急难愁困，共收到各类求助信息600多条，"能帮一个是一个"，努力为市民群众排忧解难，充分发挥联系群众、为民服务的功能。

2023年，聚焦民生关注，深入践行"四力"，推动记者编辑下沉一线"抓活鱼"。围绕为民服务，推出《读者》栏目，通过记者深入调查采访，携手多方尽力化解急难愁盼，让市民群众感受到切切实实的成效。围绕重大工程，先后开设"走近上海民心工程""上海重大工程走访""上海民生工程年末探访"等一系列栏目，采写出一批带露珠、冒热气的新闻报道。围绕拥军优属事业，推出《崇敬》《争创双拥模范城》等特刊，展现新时代上海社会化拥军优属事业的新发展、新成就，得到相关委办局好评。围绕基层社会治理，采写的《挖掘传统文化

文汇参加"新时代文明新风尚"文化公益集市

资源　打造"苏州河第一村"》整版专题报道，受到中宣部主要领导表扬；内参《基层减负如何减出实效》获得市委主要领导批示。

供稿：文汇网

帮侬忙、讲理论、享悦读

——新民网践行"飞入寻常百姓家"企业文化理念的三个关键词

（新民网）

一、组织简介

新民网成立于 2006 年，其母报新民晚报是上海市委直接领导的综合性报纸，是大陆地区连续出版时间最长的报纸，以"飞入寻常百姓家"的"春燕"定位，为读者家喻户晓，被誉为"上海符号"。现有在职职工 229 人，其中采编人员 213 人。

目前，新民品牌从"纸端"向"指端"延展，构建起以新民网、新民客户端自有平台为核心，以新民系在互联网各主要平台（如微博、微信、今日头条等）的账号为重点的融媒矩阵，综合运用音视频、手绘、海报、长图、动漫、H5、手游等传播形式，日均覆盖人次近 2.5 亿。

新民网曾获上海市文明单位等荣誉，年均数十件作品获中国新闻奖、上海新闻奖等各级各类新闻奖项，下属党支部曾获上海市先进基层党组织等称号，多个部门和员工获全国工人先锋号、上海市精神文明好人好事表扬名单、上海市五一劳动奖章、上海市优秀志愿者、上海市五四青年奖章等荣誉。

二、理念系统

新民网以习近平新时代中国特色社会主义思想为指引，深入学习贯彻习近平文化思想，深入学习贯彻习近平总书记对上海文化建设作出的重要指示要求，锚定"头部民生平台"发展定位，发挥"飞入寻常百姓家"特色优势，融入全市改革发展大局，开拓新时代群众工作新局，深入践行人民城市理念，深度参与超大城市治理，持续擦亮传统民生大报金字招牌，聚力做强优势民生垂类融媒项目，巩固壮大主流价值、主流舆论、主流文化，助力推动高质量发展、引领高品质生活、实现高效能治理，为上海建设习近平文化思想最佳实践地，加快建成具有世界影响力的社会主义现代化国际大都市作出主流媒体应有贡献。

新民网坚持"宣传政策，传播知识，移风易俗，丰富生活"的办报方针，坚持"新民姓民、新民为民"的办报特色，求真务实、贴近读者，提倡像一只报春的燕子，"飞入寻常百姓家"。

三、实践做法

2022年年中，报史长廊"新民里"在4楼办公区正式启用。报史长廊浓缩了新民晚报近95年的历史和文脉，记录了"00后"新民网的发展壮大，更是新民人引以为傲的"初心"之地。但凡有客人来报社拜访，报史长廊一定是第一站，也是必打卡之处。每一位报社同仁，都自觉当起了"新民里"的讲解员。通过一次次的讲解，不仅让来访者对"飞入寻常百姓家"的媒体理念有了具象化的理解，对报社员工自身也是一次精神洗礼。

习近平总书记强调："宣传思想工作是做人的工作的，人在哪儿重点就应该在哪儿。"新民网坚持"为民分忧、与民同乐"，在媒体深融时代，一代代"新民人"秉持这一宗旨，赓续奋斗、守正创新，继承并发扬新民的历史文脉和优良传统，继而贯彻落实到日常工作中。

（一）新民帮侬忙：让百姓"急难愁"消弭于无形

群众工作部是新民网密切联系群众的纽带和桥梁，从"铅与火"到"光与电"再到当下的"摄与屏"，在这个曾被市领导称为"市政府第二信访办"的集体中，"为民情怀"始终如一。

2019 年 7 月，在打造"全媒体时代群众工作新格局"的进程中，新民网设立了"新民帮侬忙"融媒体工作室，新一代群工人赓续传承着"全心全意为人民服务"的宗旨，将其深植于血脉之中，在线上线下构筑起新时代"办实事、解民忧"的融媒桥头堡。

在新民网与 12345 市民服务热线连续 3 年合作共建的"'四力'教育实践基地"中，新民中青年骨干记者编辑接过"任务书"——解决多年来能解决但没有解决的"老大难"问题。他们"实打实"冲在一线，"实打实"督促推进，让群众有了"实打实"的获得感：高悬小区主干道 10 多年的违建阳台被整治了，霸占小区公共部位 17 年的"僵尸车"被拖走了，盘踞楼顶 20 多年的"巨无霸"鸽棚被拆除了……面对老百姓的急难愁，记者迎难而上、抽丝剥茧，调查、报道、督办，最终拆除违建屋、拖走扰民车。

四年多来，"新民帮侬忙"专栏在融媒体各端总计发布 5000 多条舆论监督报道，问题解决率达 85% 以上，回访满意度高达 90% 以上。一次次有建设性的舆论监督，收获了人民群众的肯定与"点赞"。

2022 年的"大上海保卫战"中，"新民帮侬忙"以最快速度推出融媒体志愿互助服务类平台——战疫·帮侬忙。党员记者精锐尽出，从早上 6 时至深夜 12 时，每天工作 18 小时。在全员总计 1217 个小时的忙碌中，解决各类诉求 21300 多件。69 天里，"战疫·帮侬忙"平台全网总关注度 17.01 亿，跻身于"现象级融媒体"系列。

2023 年 10 月，"新民帮侬忙"所在党支部被评为上海市"党支部建设示范点"。工作室被命名为全国五一工人先锋号，获评上海市"社会主义精神文明十佳好人好事"。2024 年 3 月，"新民帮侬忙"融媒体工作室被中宣部命名为第九批全国学雷锋活动示范点。

为践行"人民城市"重要理念，新民网还与市人民建议征集办合作推出"上海民声——人民建议征集专刊"，征民情民意、集民智民慧，三年多来共收集人民建议超 25 万件，重要建议采纳率达 98.5%。

在 2023 年的主题教育中，通过发出"办实事解民忧：问'题'于民"的全民征集令，从一件民生之忧到一类民生众忧再到"市民金点子　治理金钥匙"，新民网推动 3500 多件"民之所望"成为了造福于民的"金果子"。"问计于民、问需于民、问效于民"，一个个充满民智民慧的"金点子"化作了城市治理的"金钥匙"。

年轻记者房浩回顾这些年的职业经历感慨道："只有了解了群众的所思所想所盼，才能因地制宜、精准施策。未来，我会和同事们继续努力，用好调查研究这个'法宝'，真正做到'答民声之问、解民生之忧'。"

（二）春燕行动：让党的创新理论飞入寻常百姓家

新民网是上海市文明单位，多年来持续开展"文明与文化同行"志愿服务，目前已成立 8 支志愿服务队，其中"春燕行动"以"春燕行动·时代好声音"时事讲读志愿服务队和"春燕行动之金融知识普及月"公益活动为两翼，旨在通过志愿服务工作的新实践，弘扬城市精神，将"奉献、友爱、互助、进步"的志愿精神深植人心，彰显城市的独特品格，为新时代的文明实践志愿服务工作注入了生机与活力，让党的创新理论飞入寻常百姓家。

2023 年 3 月 5 日，"春燕行动·时代好声音"时事讲读志愿服务活动现场，新民晚报设摊为读者提供咨询服务

"春燕行动·时代好声音"时事讲读志愿服务队由新民网记者编辑、各级党校教师、高校专家学者等组成，他们是时代的记录者，是知识的传播者，更是文明的践行者。

2023 年 10 月 16 日，一场名为"以中国式现代化推进中华民族伟大复兴（学习二十大精神辅导报告）"的宣讲在长宁区仙霞新村街道举行。中共上海市委党校（上海行政学院）副教授、政治学博士陈思的宣讲既深入浅出，又紧贴时代脉搏，将理论与实际、历史与现实完美结合。现场气氛活跃，思维碰撞激发出智慧火花。陈思副教授讲到科技教育人才话题时，结合当前热点——人工智能、新质生产力、教育改革等，与听众展开互动讨论，"ChatGPT 会代替什么岗位，会对教育产生哪些影响""需要学外语吗"等问题引起现场热烈讨论。

"新民网的办报方针之一就是宣传政策，现在我们除了报纸这个载体，还创新出'春燕行动'这一更下沉的方式，效果明显、意义重大。"年轻记者屠瑜参加了多次志愿活动，她说，柴米油盐之外，普通百姓渴望了解时事政治、国家政策的愿望十分强烈。直插社区开展宣讲，是传播党的好声音最有力的方式之一。

"春燕行动·时代好声音"时事讲读志愿服务聚焦社区治理、文明新风、志愿服务、群众文化等主题，2022 年 9 月至今已开展了 10 场生动有趣、富有成效的理论宣讲活动，丰富了文明实践内涵，覆盖群众近 2000 人次。

（三）夜光杯·市民读书会：让"悦读"走入千家万户

创刊于 1946 年的《夜光杯》是中国现存报纸中历史最悠久的副刊，也是上海首批媒体优秀品牌。《夜光杯》的文章通俗却不粗俗、轻松却不轻飘、深沉却不深奥、尖锐却不尖刻，这是不变的宗旨，也是坚守的定位、文风与价值观。《夜光杯》为有效地推动中华优秀传统文化创造性转化、创新性发展一直孜孜矻矻，在继承文脉的基础上，努力做到传承中有坚守，传承中有创新。

2016 年 3 月 26 日，新民网、世纪出版集团联合创立夜光杯·市民读书会。八年来，夜光杯·市民读书会带着上海市民，自读书出发，收获的不只是阅读的乐趣，更是与书为伴的生活方式。夜光杯·市民读书会每年都会有一个主题。2024 年推出"品质生活"系列活动，传递真、善、美、暖，共赴美好生活。

2023 年 8 月 19 日，夜光杯文萃《书里看书　梦里寻梦》新书发布会在上海展览中心举办

　　"秉持着飞入寻常百姓家的宗旨，我们婉拒了一些场所的常驻邀请，坚持深入到全上海市民中，基本上每场活动换一个地方，带读者去到各区的图书馆、文化馆和书店等文化地标，在书香中感受日新月异的变化和浓厚的文化气息。"编辑郭影分享的这个细节令人动容。她说，夜光杯·市民读书会深入基层，读者、作者、编者共聚一堂，倾听心声，增加交流，采纳建议，"朋友圈"范围不断扩大，"我们都忙碌并快乐着"。

　　2023 年 8 月 19 日下午，夜光杯文萃《书里看书　梦里寻梦》新书发布会在上海展览中心举办。这也是市民读书会第二十八场活动。作家叶辛，表演艺术家童自荣，作家沈嘉禄、马尚龙与读者相聚，共话与夜光杯的缘与情。天气炎热，读者热情更高。友谊会堂一楼大厅坐得满满当当。有鹤发长者，有稚气孩童；有只身前来者，有相约结伴者；有本地的，还有来自北京、杭州等地的……

　　2024 年 3 月 2 日，由中共上海市委宣传部指导，新民晚报社、中共虹口区委宣传部、阅文集团联合主办的《夜光杯》美文征集活动启动，征文主题为"新时代，新旋律"，邀约大家一起写美文，用"小文章"表现"新时代"，从中感悟中国文字之美、中华文脉之长。

2023 年 8 月的夜光杯市民读书会：一个演员的自我修养——奚美娟《独坐》分享暨签售会

夜光杯·市民读书会目前已举办 29 场活动，以最简单却又最高贵的方式，让读书这件重要的小事走入千家万户，为上海营造文化社会、书香社会作出贡献。夜光杯·市民读书会荣获"2023 年上海市振兴中华读书活动示范项目"。

供稿：徐轶汝、钱俊毅、郭影、屠瑜

不忘初心，砥砺前行　打造新型主流媒体

（东方网）

一、组织简介

东方网成立于 2000 年 5 月 28 日，是上海主流媒体融合内容、资金、技术、人才资源共同打造的全国重点新闻网站，系中国互联网百强企业。在艾瑞咨询公布的 PC Web 指数排名中，东方网长期在综合资讯类排名第一，月度覆盖人数约 1.3 亿人。东方网及下属全资控股子公司员工千余人。

东方网通过网站、报纸、移动端、线下网点以及第三方平台媒体号矩阵构建全媒体传播体系，形成媒体业务为主体、政务服务和社区民生服务为支撑的战略布局。多年来，创造了上海互联网多个"第一"：首个"市政府网上新闻发布会"，首创反映群众呼声的互动栏目"东方直通车"，首次提供公益性的高考查分服务"东方高考热线"，推出东方网点和东方社区信息苑，开辟公共上网平台连锁运营和社区文化信息化公共服务平台的先河……

东方网多次获中国新闻奖一等奖、上海新闻奖一等奖，获第五届"全国文明单位"称号。

二、理念系统

使命：引领主流价值，服务社会民生。

愿景：成为具有文化传播特色的数字化转型服务和产品核心提供商。

核心价值观：有担当、敢创新、求卓越、享共赢。

文化追求：有为才能有位，幸福是奋斗出来的。

三、实践做法

诞生于新世纪之初的东方网，始终直面互联网开放式的竞争，坚持守正创新，勇立潮头，乘风前行。经过二十多年努力，东方网逐步从新闻网站迈向"新闻＋政务服务商务"新型主流媒体，抓住媒体融合发展和数字化转型叠加机遇，加快媒体业务转型，力争成为上海数字化转型重要服务力量，力争成为上海宣传文化系统数字化转型主力军。

（一）守正创新，增强主流媒体引导力

立足新媒体的时代责任，东方网坚持守正创新，以"打铁还需自身硬"精神，加强班子建设和队伍建设。

1. 坚持党管媒体。不断探索党的领导与现代企业制度相结合发展道路，党委委员依法依规进入董事会、监事会和总裁、总编辑班子，实现交叉任职，党委书记兼任董事长，切实履行第一责任。坚持总编辑负责制，不断完善规章制度，将新闻采编、内容发布各个环节、各类业务形态，汇编成《东方网新闻宣传和内容管理手册》。建立党政联席例会制度，党政班子与中层干部、各经营主体负责人共同聚焦"硬骨头"，定期"回头看"，将党建工作与新闻生产、经营发展深度融合。坚持由一线部门行政一把手兼任支部书记，将党内政治思想教育与业务紧密结合，充分发挥基层党支部、团支部示范作用，使坚持正确导向成为全体采编人员共同追求和自觉行动。

2. 强化队伍建设。党委加强自身能力建设，并组织各支部综合运用主题党日、"云课堂"等方式，结合专题学习与自主学习、互动交流和撰写体会，深入学习习近平新时代中国特色社会主义思想。围绕习近平总书记关于新闻舆论工作重要论述和习近平文化思想，加强马克思主义新

闻观学习，有针对性地提升采编人员的理论素养和业务本领。大胆启用理念新、有闯劲年轻人，培育和孵化讲求合作、富有激情、有创造力攻坚团队。2019 年，研发"文物新说·话解放"红色文创产品套组，推出《上海人民》号外复刻品、《解放日报》创刊号复刻品等 10 件实用有趣且具有教育意义红色文创产品，获评全国优秀红色旅游文创产品。在青年人才职称评定、居转户办理等方面取得突破，提供强有力人才保障。

3. 打造企业文化。党委班子成员及党员干部积极参与东方网网络文化建设征文活动，先后汇编成《敏思笃行》《博学明远》《知行载道》三本网络文化论文集。通过每年"5·28"网庆主题系列活动、迎国庆快闪活动、城市暴走活动、"东方网号"飞机首航、爱心义卖、员工趣味运动会等形式多样活动，有效提升员工归属感，增强企业发展凝聚力。举办助残周直播带岗带货活动、退役军人数字素养与技能提升活动、科普好医"声"、消防安全专项技能培训等一系列公益活动，强化采编人员社会责任意识。与中共一大纪念馆联合，设计"参观中共一大纪念馆 + 瞻仰中共一大旧址 + 重温入党誓词"主题党日活动，研发并完善《永恒的誓言》等 6 门党性教育专题课，推进"数字一大——中国共产党人的精神家园元宇宙项目"，以红色文化激昂迸发企业活力。

（二）深度融合，增强主流媒体传播力

作为上海主流媒体，东方网承担"引领主流价值"使命，始终坚持发出好声音，传播正能量。

1. 坚持内容为王。充分发挥新闻网站的媒体优势和互联网技术优势，不断增强优质内容的供给能力。聚焦主题宣传，主动设置议题策划，推出《习近平互联网观》《创新是文艺的生命》《社区 24 小时》等专题报道，引发广泛关注，多项报道获中国新闻奖和上海新闻奖。强化头部内容建设，不断提升原创报道的速度、广度、深度以及重要场景的参与度，形成了直播上海、纵相新闻、ModuCity 等内容品牌。积极开展国际传播，坚持以小切口讲述民间交往故事，策划推出《海派年味》《洋

劳模在上海》《见证卓越——外国友人亲历上海改革开放》等系列报道，传递上海温度，展现中国形象。

2014年5月20日至26日，"海上联合-2014"中俄海上联合军事演习在东海举行，东方网记者登上中国海军"柳州号"护卫舰，全程采访了该次演习活动。

2. 坚持移动优先。建设移动传播新平台，一方面聚合上海报业集团优质原创资源，聚合区融、街镇社区合作媒体内容，聚合版权稿源。另一方面，对接市区两级城市治理平台，构建"新闻＋政务服务商务"生态圈，形成移动传播新态势。作为互联网企业，东方网不断拓展融合传播，动漫、动图、航拍、小游戏、短视频、360度全景图片、H5交互式新闻等充分涌现。2022年以来，视频传播矩阵影响力显著增强。2022年，一则"宁光院士谈居家食疗"短视频报道全网播放量破亿。2023年杭州亚运会报道，短视频报道全网累计播放量3.39亿次。

3. 坚持技术创新引领。通过技术赋能新型主流媒体建设，打造融合产品，推动媒体融合，是东方网重要做法。东方网在上海主流媒体中，互联网技术能力最强。自2000年建网以来，东方网一直为上海众多重要政府部门及文化媒体单位提供IDC托管、电子政务、电子商务平台建设等各类技术增值服务。2019年以来，东方网在建设和运营上海市、区两级融媒体中心统一技术服务平台过程中，进一步增强了大规模数据采集、智能化内容分析、高并发服务支撑等政务技术服务能力。近年来，东方网先后在静安区石门二路街道、青浦区盈浦街道、浦东新区东明路街道进行基于街镇微信公众号的融媒化改造试点，为建设街镇融媒体平台积累了技术经验。

（三）服务社会，增强主流媒体影响力

东方网高度重视宣传思想文化工作，坚持导向为魂，积极发挥主流媒体社会责任，立足本地、服务社会民生，致力网络公益文化建设。

1. 唱响主旋律，传递正能量。东方网不断创新正面报道的内容呈现和表达方式，记者沉入基层，把握典型，记录凡人善举，再现暖心瞬间，以生动的故事、感人的细节书写公益，诠释新闻记者"激扬文字""中流击水"的责任与使命。2023 年，东方网推出原创系列主题报道"社区 24 小时"，聚焦上海社区治理的生动实践，通过图文视频的丰富形态，呈现解决社区"小问题"的"大智慧"。首季 7 集报道推出后收获热烈反响，全网累计阅读数超过 5000 万，视频播放量超过 800 万次，各平台转评点赞超 100 万次。

2. 打好媒体牌，增强公益性。东方网 2000 年开通国内首个帮助网友解决民生问题栏目"东方直通车"，在互联网上架起了一座市民与政府互动沟通的桥梁，获评"2009 年度中国互联网站品牌栏目（频道）"。

2003 年 6 月 3 日，东方网对首次举行的上海市政府新闻发布会进行网络直播

同年起，东方网在上海各媒体中独家开通高考免费查分平台，而后从高考查分延伸到中考、考研、自考等各类考试查分，从考试查分扩展到招考咨询，累计服务数百万上海考生。

　　走进一线，讲好脱贫攻坚故事。东方网记者深入一线，用一个个普通人鲜活丰满的故事串起了脱贫攻坚战的重大主题。2017 年以来，东方网选派多位记者前往西藏日喀则、新疆喀什等地挂职锻炼，在脱贫攻坚一线发挥光和热。2004 年，东方网出资 38 万元援建甘肃省定西市岷县清水镇一心小学，学校占地面积 5661 平方米，从建设全新校舍到领捐物资、从资助贫困学生到每年进行支教援助、从孩子们赴沪交流到大山里走出一批批大学生，都倾注了东方网员工的公益之心。多年来，社会各界、东方网职工和志愿者超过 300 人次走访支教过希望小学，捐助物资和援建公益总额超过 1000 万元，当地受益贫困学生超过 600 人，超过 30 名学子从希望小学考进大学。该公益项目荣获"2020 中国新媒体扶贫十大优秀案例"。

　　3. 电商直播，创新网络公益模式。2020 年"五五购物节"期间，东方网通过线上智慧社区网络服务平台，打造"永不打烊"的文化消费集

东方网记者为了不起的小镇公益带货

市；线下还举办文化集市系列活动，集中展销手工艺品、农特产品和旅游产品等扶贫产品，主办对口帮扶地区专场直播活动，积极尝试互联网时代扶贫新模式。2020 年 6 月，东方网推出系列报道《了不起的小镇》，先后进行黄桥小提琴、丹阳眼镜、泾县宣纸、洛舍钢琴、周巷电吹风等 5 场带货公益直播。当地政府相关负责同志、所在特色产业负责人以及专业工匠与东方网主播共同为了不起的小镇摇旗呐喊。

供稿：陈旭东

普惠、人为先、更开放，深化电商高质量发展

（拼多多）

一、组织简介

拼多多 2015 年成立于上海，作为新电商开创者，拼多多致力于以创新的消费者体验，将"多实惠"和"多乐趣"融合起来为最广大用户创造持久的价值。2018 年 7 月，拼多多于美国纳斯达克上市。截至目前，拼多多有超 1 万名员工，其中技术工程师占比 50% 以上。

拼多多主要有三块业务：一是拼多多主站，开创了以拼为特色的农产品零售新模式，逐步发展成为以"普惠、人为先和更开放"为特征的综合性电商平台；二是多多买菜；三是多多跨境电商。截至 2022 年，拼多多已拥有 9 亿活跃用户和 1300 万商家。2023 年全年，拼多多的总营收为 2476 亿元，同比增长 90%。

2021 年，公司获得了党中央、国务院颁发的"全国脱贫攻坚先进集体"荣誉。2022 年，因"链接小农户与市场，改善了千百万农民的生活"，又被联合国粮农组织授予当年唯一的"年度创新奖"。

二、理念系统

拼多多新电商具有三个特征：普惠、人为先和更开放，这也是公司坚守的发展理念。拼多多公司坚持本分的价值观，专注于为消费者创造价值，深耕农业科技，以技术迭代和模式创新实现多实惠＋多乐趣，让

最广大中国家庭以更低支出，享智能、舒适美好生活。

"普惠"即服务最广大群众。拼多多让网购平等地进入了普通人的生活中。无论在城镇还是乡村，无论是青年人还是老年人，都可以在拼多多享受网购的乐趣。

"人为先"即拼多多坚持消费者导向，将平台消费者的多样化消费需求反馈至后端制造工厂，实现定制化生产。

"更开放"即拼多多致力于构建更开放的电商生态，促进电商生态良性发展。

三、实践做法

（一）腿上有泥的新电商

多多从农产品零售平台起家，以深耕农业、乡村振兴为根本战略。作为腿上有泥的新电商，深入最基层的产业带和村庄，8 年来既有农产品上行模式的创新、线上线下融合数字化转型的探索，也有科技上的投入。

1. 在农产品上行方面：公司通过"农地云拼"模式，破解小农户分散经营、规模不足的问题，不仅让消费者吃得更新鲜，而且让农户的收入有了增长。目前，平台直连 1000 多个农产区，带动 1600 多万农业生产者参与到数字经济中，已成为中国最大的农副产品上行平台。

2. 在提升流通效率、数字化转型方面：公司于 2020 年 8 月启动"多多买菜"业务。作为农产品上行业务的一个自然延伸，通过全链路仓储配送将农产品从产地快速送达，居民线上下单，次日就近网点自提。"多多买菜"是嵌在拼多多 App 里的业务板块，把平台的流量导流给线下，并对线下各个环节做增量和数字化改造。目前，"多多买菜"已覆盖除西藏外的内地 30 个省份。"多多买菜"很好地服务了经济社会发展。一是促进农产品产销对接，推动农产品直达社区。二是扩大消费，通过平台预售、门店自提方式，为消费者提供实惠便捷的购物体验。三是创造就业机会，仓储和物流在落地城市创造了大量岗位需求，团长模式也提供了很多灵活就业机会。四是带动基础设施投入，通过自建或与当地企业合作，建设冷链仓储等设施，带动了相关领域基础设施建设投入。

3. 在农业科技创新方面：公司坚持科技助农，致力于推动农业核心技术研究。同时，在联合国粮农组织指导下，举办多届"多多农研科技大赛"，前两届大赛在云南举办，主题包括人工和 AI 比拼种植草莓、番茄等。第三届大赛则移师上海崇明，全球顶尖团队正在没有土壤与日照的集装箱农场里，比拼以更低能耗、更

位于云南昆明的"多多农研科技大赛"赛事基地

短时间、种出更高产量、更好品质的生菜。通过多多农研科技大赛，参赛团队在温室种植、无土栽培、AI 种植等多个领域的前沿课题中积累经验，目前正广泛应用于辽宁、安徽和云南等多地。通过三届大赛，国内农业科技领域的顶尖团队在破解全人工环境条件下种植农作物、平衡投入产出比等难题中锤炼能力，进一步推动中国农业从"汗水农业"向"智慧农业"转型，为未来人类探索星辰大海，提供了农业基础应用的保障。

去年，拼多多联合中国农业大学等单位，推出"拼多多杯"科技小院大赛，鼓励农科学子们在田间地头读研、把论文写在大地上、把成果留在农民家。借助拼多多，越来越多的年轻人投身到农产品上行的实践中，推动了农产品的品牌化标准化。拼多多将始终致力于搭建一个"更开放、更前沿、更实用"的农业科技创新平台，激励全球农业科研工作者创造出更多突破性成果。

（二）新电商助力高质量的消费升级

1. 持续新电商探索，拉动高质量消费。在工业消费品方面，拼多多

根据平台消费者的多样化、多层次的消费需求信息，为工厂提供数据、产品开发等方面建议，实现"以需定产"，带动一批企业在制造上实现升级。

近年来，公司顺应中国青年消费者的品质升级需求，与大量新国货品牌、老字号品牌合作。这些品牌通过创新，品质持续提升，品类丰富、性价比高的优势显现，受到越来越多用户的喜爱。拼多多也成为了大量新青年购买国货的首选之地。在高质量消费的拉动方面，2023年上海五五购物节期间，拼多多投入40亿消费补贴，多多买菜发放6000万张消费券，并联合央视、东方卫视开展直播促消费活动，重点推介

毕业后入职的每一位拼多多应届管培生，在"多多第一课"里与老员工学习经验

上海地产优质农产品以及对口帮扶地区农产品，以高质量供给持续激活消费潜力。

2. 上线跨境业务，助力中国制造直链全球。2022年9月，拼多多推出多多跨境业务，帮助中国制造业企业越过中间商，直达海外消费者。作为一种外贸新业态，多多跨境为商家提供包括网站引流、跨境物流、法务、知识产权等在内的一站式服务，制造工厂只需做好品质和生产，就能轻松出海。多多跨境电商业务有以下几个特点：一是打造"一站式"服务，为制造业商家提供包括网站引流、跨境物流、知识产权等在内的一站式服务，让商家轻装上阵、轻松出海；二是创新产品销售模式，帮助生产厂商通过"现象级"爆款迅速赢得市场；三是提供强有力技术支撑，以新技术赋能出海业务，物流仓储的智能化程度处于行业较高水平；四是高度重视知识产权保护，以最严格的标准保护各方知识产权，为商家提供完善有力的法律服务支撑。

目前，多多跨境业务已覆盖美国、加拿大、澳大利亚、新西兰、英国、德国、荷兰等国家市场。在国内供给侧，已经实现了对制造业品类的全覆盖，先后推动服装、数码、家电、箱包、户外、配饰、玩具等上万家制造业企业成功出海。借助多多跨境，不少工厂不仅找回了订单，还提升了利润，一些代工型企业通过生产差异化的产品，利润率甚至能够达到传统外贸的 5 倍。与此同时，平台还鼓励商家建立自己的品牌，给予品牌商家更多的流量扶持和品牌溢价。

（三）全面践行高质量发展要求

拼多多明确将"高质量发展"作为现阶段最重要的目标和任务，积极投入科技创新、参与国际竞争，把"高质量发展"落实在平台治理、商家生态、高质量供应链、高质量消费等方方面面。

1. 强化平台治理能力，营造清朗网络空间。拼多多将违规商品、直播合规等列为现阶段重点治理事项，主动拥抱更高水平的平台治理和生态建设。拼多多在行业内，首家主动全面禁售亚硝酸盐，实行全面的户外刀具实名制，禁止未成年人购买；持续深化开展未成年人保护、图书及其他版权商品治理和保护等专项活动，从账号认定、搜索浏览及购物下单限制、正向内容引导等维度升级对未成年人合法权益的保护；从严推进图书上架审核、售假店铺惩处等工作，夯实平台治理。

2. 加大平台扶持力度，构建良好商家生态。多年来，拼多多扎根各大产区和产业带，已培育了一批兼具供应链与电商运营实力的优质商家。为推进优质商家的发展，拼多多开启了系列产业带特色直播和百亿补贴的模式，通过流量等资源倾斜，激发需求侧的"数字化新消费"，辅助产业带商家建设"数字化新供给"，为产业带优质商家撬动消费新增量。同时，拼多多还通过爆品打造、加"数"发展，利用丰富的运营工具，帮助商家做好精细化运营，在大幅提升生产、流通效率，形成让利空间外，也让业务得到持续增长。公司全力扶持优质农产品出村进城，加大对优质品牌企业的帮扶力度，百亿补贴联合各大品牌全面加补。

2021年11月，拼多多为湖南省浏阳市小河乡捐款建设乡村准专业级别天文台

3. 发起公益捐赠，提升乡村教育水平。拼多多作为新电商平台，希望为乡村文化振兴、城乡知识普惠贡献一份企业责任。近年来，拼多多响应政府号召，持续深入陕西、甘肃、青海、宁夏等地的国家乡村振兴重点帮扶县，积极捐款捐物，帮助孩子们改善学习、生活条件，推动知识普惠，助力乡村振兴。针对偏远地区、乡村儿童阅读资源匮乏问题，2021年4月，拼多多联合全国各地有影响力的媒体、知名作家、出版社等发起"为你读书"公益行动，向偏远地区的青少年阅读群体送去平价优质的正版图书，为助力乡村文化振兴、知识普惠贡献企业力量。在过去两年多里，"为你读书"公益行动走过超20个省市，包括新疆喀什、西藏林芝、宁夏闽宁、四川甘孜、吉林珲春等多地，迄今累计捐赠图书超30万册。2021年11月，拼多多捐款100万元，为湖南省浏阳市小河乡建设天文馆，以便当地学生学习天文知识。

供稿：拼多多

哔哩哔哩：与年轻一代共创价值

（哔哩哔哩）

一、组织简介

哔哩哔哩成立于 2009 年 6 月 26 日，公司于 2018 年 3 月登陆美国纳斯达克，并于 2021 年 3 月在港交所二次上市。经统计，目前有员工 8500 余人。

哔哩哔哩是中国年轻世代高度聚集的综合性视频社区，被用户亲切地称为"B 站"。围绕用户、创作者和内容，B 站构建了一个源源不断产生优质内容的生态系统，提供了移动游戏、直播、付费内容、广告、漫画、电商等商业化产品服务，并对电竞、虚拟偶像等前沿领域展开战略布局。B 站 35 岁及以下用户占比超 86%，日均活跃用户超过 1 亿。多个季度蝉联 QuestMobile "Z 世代偏爱 App" 和 "Z 世代偏爱泛娱乐 App" 两项榜单第一位。

B 站进入 2019 年最具价值中国品牌 100 强，荣获 2022 年服务贸易示范企业、2022 年度领英全球卓越人才招聘管理奖（中国区）、上海文化企业十强、2022 年"好评中国"网评大赛"优秀组织单位"奖、2022 年"清朗"系列专项行动成效突出平台、2023 年第五届中国互联网辟谣优秀作品评选组织策划类和视频类 2 个奖项、"互联网平台落实企业社会责任典型案例"荣誉证书等国家和市级荣誉。

二、实践做法

（一）与员工共创企业价值

员工是企业的最为宝贵的财富，充分调动员工的积极性和创造性是企业生存发展的第一要素。B 站在发展过程中，始终把员工放在第一位，以内聚力激发企业发展源动力。

1. 持续为员工提供包容、自由的工作体验。B 站重视员工队伍建设，为他们提供良好的工作环境和工作氛围，包括倡导弹性工作制、穿衣自由和宠物友好等福利，激发员工个性发挥。B 站鼓励员工自发组成各类兴趣社团，并提供经费和场地支持，通过举办 B 站特色节日活动，丰富员工业余生活，倡导多元文化兼容并包。B 站设立了综合性的员工服务中心，帮助员工一站式解决工作支持方面的需求。为了解员工需求，提升工作体验，开展年度员工满意度和敬业度调研，并针对满意度较低的项目开展结果分析复盘，制订相应的提升计划，形成闭环解决方案。

2. 构建和完善适应员工提升的培训体系。围绕通用力、专业力、领导力与内训师四大模块，针对员工在各成长阶段所需，提供多渠道、多形式、多维度的支持。针对不同业务部门员工制订了个性化培训方案，为员工提供精细化、定制化的赋能与培训。B 站积极支持员工获取教育机构颁发的官方学位、学历以及外部资质认证，包括日语等级考试、雅思、托福及托业考试等。员工在达到要求后，可以获得学费报销、学习资源共享等支持，教育支持项目覆盖 100% 正式员工。

3. 建立健全以目标为导向的绩效管理模式。制定了《哔哩哔哩绩效管理办法》等政策，为所有员工提供每年两次的绩效考核，并确保其过程公平、透明，充分尊重员工的反馈与意见，设立了多层级、多渠道的沟通方式，员工可通过各级会议向部门及管理层进行建议，也可以通过HR 公众服务号、HR 邮箱以及同事吧论坛等不同渠道进行反馈。设置管理序列及专业序列双通道，为不同领域的人才提供平等的晋升机会与发展空间。在晋升窗口期，员工根据自身发展需求提出申请，符合评审要求的员工可转换通道，并配备相应的线上培训课程，使员工在新通道快速适应，稳步发展。

（二）与用户共创社区价值

1. 丰富使用场景。B 站坚持多场景、全品类的策略，为用户提供以 PUGV 为核心，以直播、OTT 以及 Story-Mode 竖屏视频为辅的丰富视频观看体验，充分满足不同场景下用户多元的视频消费需求，2023 年 B 站用户日均使用时长超 95 分钟。沉浸观看体验，Story-Mode 竖屏视频充分满足了用户的即时内容消费需求，有效提升了社区活跃度。2023 年 B 站日均视频播放量达 43 亿，同比增长 25%。Story-Mode 竖屏视频自 2021 年推出以来，受到用户的一致喜爱。用户可以通过上下滑动屏幕的方式浏览 B 站优质内容，并可以随时进行发送弹幕、评论、点赞、收藏以及分享等社区互动。

2. 健康社区生态。在社区管理中坚持"鼓励共识，而不是制造争端"的原则，建立了全周期社区管理机制，以更透明的管理规范、更清晰的管理规则，以及不断升级的技术，来正向引导用户构建和谐的社区

社区价值、行业价值、社会价值

氛围。一是更新《社区规则》并制作系列解读视频，强化用户共识，推动规则透明化。二是严格过程管控，通过互动 AI 模型对舆论进行识别与管理，同时为用户提供手动或者智能拦截功能、屏蔽疑似网暴评论，及互动问题等功能。三是通过社区中心的社区公告、反馈专区与小黑屋机制，向用户公开举报处理结果与依据；用户可通过 B 站新风纪委建议反馈收集、风纪邮箱或社区问题提报问卷提报对社区的想法，风纪委员会进行定期审阅和回复。

3. 提升用户满意度。B 站为全面了解用户反馈与需求，提升响应效率，针对游戏、直播、视频等不同场景搭建了专属的用户沟通渠道。B 站依据《满意度管理体系》规定，定期开展用户满意度调研与趋势分析，确立优化方向与策略，持续强化客服团队的专业水平与服务能力，以高素质、高潜力的一线客服团队驱动用户满意度的提升。B 站始终高度关注用户的心理健康，特别是青年在个人成长中遇到的心理问题。专业心理学 UP 主为用户讲解专业理论知识，正能量 UP 主则提供实景解决办法，共同帮助青年关注自己的内心世界与精神状态，积极寻求科学的改善方法。

在平台搜索"自杀""抑郁症"等负向情绪词汇时，平台在醒目位置展现温馨提示"你不孤单，我们都在"，并提供"能量加油站"入口。能量加油站，是平台提供的一个可以发泄内心情绪和心理疏导的方式，用户可以通过和客服沟通进行压力释放，抚平内心创伤，甚至可以根据用户情况进行当地与警方协助帮助被网暴者走出阴影或规避一时冲动导致的轻生／自杀等不可挽回的后果，能量加油站与上海精神卫生中心及上海共青团公益心理资源与法律援助平台"青小聊"合作，共同为被青少年互联网使用问题所困扰的家庭提供咨询服务，必要时为当事人提供心理辅导介入；特聘法律专家接受投诉、委托，当发现青少年在 B 站疑似受到不法分子侵害或骚扰，"青小聊"值班老师将为其提供特别法律援助。

（三）与行业共创责任价值

B站始终坚持开源，将技术优势与行业共享，为整个产业注入新的动力和创新。

1. 致力于通过技术交流和分享，助力互联网行业发展。B站技术委员会在关注企业自身技术竞争力提升和技术人才体系建设的同时，通过科技创新推动行业发展，促进新技术应用与转化，实现技术创新交流与行业共进。B站在多个领域探索开源共建，通过建立开源社区、自主研发开源项目等方式提升研发人员个人实力，提升行业内技术影响力，并借助社区的力量设定共同的标准与技术框架。

2. 致力于与供应商携手共建透明、共赢的负责任采购关系。通过对供应商的全生命周期管理模式，严格把控全环节的供应链风险，共同打造可持续供应链。截至报告期末，B站供应商数量达到13140家，按地区划分，建立了《供应商管理制度》，面向不同品类的供应商制定了针对性的规范要求，将精细化管理落实到采购与合作流程的各个环节。对OGV专业内容供应商建立了专门采购标准，以保障采购内容的合规性，将可持续发展理念融入供应商管理的各项环节中，最大程度规避供应链

优质内容与技术创新

对环境、社会及经济带来的风险。

3. 致力于与行业同伴的合作，构建高质量动画制作链条。中国有近千家内容上下游公司活跃在一线，能够制作出高质量动画的公司超过120家，B站和其中90%在内容制作层面展开深度合作。为挖掘国产原创动画的新生力量，扶持国创成长与发展。为此建立了哔哩哔哩寻光计划，下设三大子计划，为不同阶段的动画创作者提供全方位扶持。

4. 致力于落实企业社会责任，走出B站特色的公益之路。一家企业，除了提供产品和服务，更应该持续为社会创造正向价值，积极承担社会责任。借助视频社区的优势，B站通过多种多样的形式积极传递公益理念，号召年轻用户参与公益事业。结合社会需求和自身特色，确立了哔哩哔哩公益专注的领域及实践方式。一是关注年轻一代的发展，聚焦乡村教育建设；二是重视少数群体的生活改善，着力于弱势群体帮扶；三是积极推动和谐社会建设，通过视频向大众传递正能量。2022年1月，正式上线哔哩哔哩公益平台，被民政部指定为第三批慈善组织互联网公开募捐信息平台之一。B站的公益事业朝着公开透明化、场景创意化、传播多元化的方向持续发展。B站公益平台使得善心可以被保护、被追溯。

（四）国创动画、纪录片内容发展

作为中国最大的动画出品方之一，B站的优质动画作品正加速中国数字经济出海。目前，B站已有《时光代理人》《百妖谱》《仙王的日常生活》等20余部中国原创动画作品在海外上线，实现覆盖全球各主流市场的主流平台，包括200多个国家和地区。此外，B站先后与Netflix、日本地上波Tokyo MX等多个海外知名公司、机构建立长期稳定的合作，取得了不错的传播效果。2022年12月初，《三体》动画在B站上线，开播当日全球播放量破亿，这部中国原创的动画作品注入了中国人的文化和价值观，希望通过这样的超级IP载体，让中国故事、中国声音、中国形象传得更广更远。

奖项荣誉					
产品与服务领域	互联网平台落实企业社会责任典型案例 获奖证书 中央网信办	上海市创新型企业 上海市发展和改革委员会	OSCAR尖峰开源企业 （开源合规领航者） 开源奖项 中国信息通信研究院 中国通信标准化协会	最佳系列纪录片入围 《众神之地》 上海电视节白玉兰奖	金panda奖金奖 《脱贫计划第一季》 中国成都国际影视节	最佳作曲奖 《未来漫游指南》 英国皇家电视学会
社会领域	上海市五一劳动奖状 上海市总工会	第十八届人民企业社会责任奖 筑梦未来奖企业 人民网	2023年度十大公益创意 凤凰网	2023年度新锐责任企业 南方周末	全球人才吸引力雇主 猎聘	2023年中国最佳雇主百强 最受大学生关注雇主 智联招聘
管治领域	2023年最佳ESG （亚洲区） 《机构投资者》	上海杰出人才 陈睿 中共上海市委组织部	2023年最佳CEO（亚洲区） 陈睿 《机构投资者》	2023年福布斯 中国100位杰出商界女性 李旎 福布斯	2023年30位年度影响力商界木兰 李旎 《中国企业家》	2023年最佳投资者关系 （亚洲区） 《机构投资者》

奖项与荣誉

在纪录片领域，B站也是国内最大的纪录片出品方和播出平台之一，已累计上线4700余部优秀作品，出品了超过140部纪录片，其中《众神之地》《第一餐》《我们的国家公园》等20余部，200余集纪录片已登陆海外市场。截至目前，B站纪录片累计获得超过250个国内外奖项，获得海内外的口碑认可。

纪录片对B站的意义不止于短期数据，B站将持续坚持纪录片精品化路线，积极构建良好的网络内容传播环境，坚持人才扶持计划，持续创新和探索平台端国际传播的方式方法，不断加强对外纪录片传播和覆盖，将中国的优质内容传得更深更远。

供稿：王昊栋

文化浸润，游戏升华

——解码游戏背后的文化力量

（盛趣游戏）

一、组织简介

盛趣游戏（原盛大游戏）成立于 1999 年，是网络游戏开发商、运营商和发行商。盛趣游戏及母公司世纪华通拥有员工近 6000 名。

2001 年，公司推出《热血传奇》，创下当时全球大型多人在线游戏运营纪录。2005 年，首创免费模式，引领了全球游戏行业模式变革。在过去的二十多年里，公司先后推出和运营了《传奇世界》《泡泡堂》《龙之谷》《最终幻想 14》等近百款精品。其中，《传奇世界》创造众多国产原创网游第一，是国内唯一获得"中国驰名商标"的游戏品牌。截至目前，公司自研产品占比达 50% 以上，作为国内成立最早的游戏企业之一，盛趣游戏成立至今已获得国内外各种荣誉近两千项，其中包括国家规划布局内重点软件企业、国家文化重点出口企业、文化产业示范基地、上海市第一批移动互联网龙头型企业、上海市著名商标、上海市专利示范企业等国家级及市级荣誉。

二、理念系统

使命：为快乐而生，为美好生活而生。

愿景：从 A 股领先的游戏公司成长为全球领先的文化领军企业；创

造出一个可持续发展的新文化产业的合作共赢的新兴业态；立足科技优势提升文化软实力，在更激烈的世界文化竞争中取得主动权。

核心价值观：HOPE，即 Honesty、Ownership、Professional、Energy（诚信透明，主动担当，工匠精神，活力进取）。

三、实践做法

（一）多举措赋能英才，打造有凝聚力的团队

在"为快乐而生，为美好生活而生"的使命驱动下，盛趣游戏拥有一支稳定、优秀的管理团队，整个业务核心管理团队从业平均年限超过17年，95% 都在这家公司服务了10年以上。

1. 职业规划，助力成长。在赋能员工上，公司采用了游戏式管理，通过一系列从个人到组织的成长体系规划，为员工设计清晰的个人职业发展规划，借用经验值系统记录积累每个人的成长过程并予以汇报，以此将员工被动的运气型发展改变为主动的努力型发展，在不断激发员工的积极性、促进员工个人价值实现的过程中，实现企业组织的价值，最终达到员工个人价值与企业组织价值的和谐统一。而针对新员工，盛趣游戏提供了以"Young Talent"为主体的校招生培养项目，为不同岗位、不同职级的员工量身定制了丰富、完善的培训课程和项目。面对 AI 等

Young Talent *活动*

新技术推动产业变革的背景下，盛趣游戏在 2024 届校招中进一步推出了"难以被 AI 替代"的"游戏制作人培训生"项目。不仅能够系统化地学习研发策划知识，为未来的职业发展打下坚实基础，还能在专职导师的带领下，参与真实的项目研发，真正能够制定"游戏规则"。

2. 多彩活动，平衡生活。盛趣游戏积极倡导员工工作和生活的平衡，打造充满活力和生机的工作氛围，开展丰富多样的员工活动，开设有篮球、足球、乒乓球、桌游等众多员工俱乐部。盛趣游戏每年开展满意度或敬业度调研，覆盖全体员工，通过调研挖掘员工关心的话题，发现存在的问题、了解不同层级和群体的员工在想法上的差异。此外，盛趣游戏每年还会在各种特殊节日举办专场活动，例如"程序员节"，通过程序员们的风采展现，鼓励他们在专业领域和兴趣所长方面保持成长、不断精进；感恩节为员工提供各类保险咨询服务、肩颈按摩、中医问诊等服务项目，帮助员工缓和紧张工作情绪，放松身心。

3. 尊重权益，彰显"她力量"。去年 10 月 31 日，盛趣游戏母公司主动披露了《员工多元化政策》。宣布将严格遵守有关劳动用工和员工权益的法律法规，致力打造多元包容的文化氛围，并要求供应商和合作伙伴遵守相同或更高要求的人权标准，充分尊重员工合法权益及多样性。在平时的工作中，则融入了大量针对女性员工的多元包容政策。比如，针对怀孕女员工，公司会设置带薪孕期检查假和额外产假；对于有条件的办公场区会设置母婴室，便于满足员工哺乳期的各项需求；针对女性员工会开展女性成长力培训；以公司文化价值观为导向，定期展现女性员工的独特风采；等等。其中较有代表性的案例，还包括去年配合母公司发布了国内游戏行业首份企业级《女性从业者生存报告》。

（二）从严落实游戏防沉迷，积极参与未成年人保护

在未成年人游戏防沉迷问题上，游戏企业始终是第一责任人。盛趣游戏不仅严格落实和执行国家的各项规定，起好示范带头作用，还积极参与到各项未成年人的网络保护当中，践行社会责任。

1. 积极推动行业自律，为未成年人健康上网保驾护航。盛趣游戏是国内最早发起、参与、制定并实施网络游戏防沉迷的企业之一。2005 年，盛趣游戏联动多家企业发布了行业《网络游戏防沉迷系统宣言书》，并促进青少年网络游戏防沉迷系统于 2007 年正式投入使用。此后又发起并参与实施"网络游戏未成年人家长监护工程"，盛趣游戏在旗下每一款游戏的官网中均设立了"家长监护工程"的入口，便于家长及时监督孩子的游戏状态。2019 年，盛趣游戏联合多家头部游戏企业与人民网共同发起"游戏适龄提示"倡议，参与制定网站和客户端适龄提示的细节，并率先完成旗下多款移动游戏的网站和客户端标注"适龄提示"。目前盛趣游戏旗下基本上所有游戏的官网、客户端内都已经同步了人民网所指定的适龄提示标识，也是人民网适龄提示平台上首批发起人、参与游戏数量最多的企业。

盛趣游戏不断完善升级，加强自有平台统一账号的管控，实现跨游戏的统一账户时长及计费管理，对同一玩家身份登录盛趣游戏平台所有游戏累计计算游戏时长。当同一玩家跨游戏总时长超过国家规定后，盛趣游戏系统会强制其下线。盛趣游戏还将持续升级防沉迷系统，积极探索运用 AI 和机器学习技术、生物识别技术，来落实"人证对应"，防止用户杜撰身份信息通过验证，为保护未成年人健康上网保驾护航。

2. 倡导健康生活，创建绿色机制为"护苗"助力。盛趣游戏作为上海市"护苗联盟"首批十家互联网企业成员单位之一，率先在公司内部成立"护苗"工作站。例如在每年的 ChinaJoy 期间，盛趣游戏都会把"爱苗护苗"公益行动带到展会现场，并特别设置了护苗宣传点。通过发放宣传物品、设置展板、现场讲解等方式，向玩家详细介绍"护苗"行动的重要意义。

健康游戏快乐生活是盛趣游戏近几年不断向玩家倡导的理念。去年，公司基于《彩虹岛》游戏开发了一套《绿色提醒系统》。与过去生硬强制的信息提醒不同，这套机制充分融入游戏场景，以更科学、更人性化和

星星彩自闭症关爱中心

更有趣的提醒方式，以"养成习惯"为目标，结合玩家的实际情况来帮助他们养成健康游戏的好习惯。以运动提醒为例，玩家只要自主设置了这一服务提醒，即会在相应时间后触发显示 NPC 的动画，搭配相对应的动作和表情（如跳舞动作），通过动感欢乐的感受效果，以达到鼓励玩家运动的目的。该系统上线后，辐射 10 万日活玩家，横跨全年 4 个游戏版本，共计 30 个活动，共计 242904 人次完成了活动任务，共同助力 NPC 改善健康情况。再进行系统评估后，未来会在公司旗下所有游戏进行推广。

（三）聚力红色文化，弘扬爱国主义精神

近年来随着人工智能、虚拟现实等数字技术的发展，数字交互的体验形式也被逐渐运用于日常党建活动、学习中。盛趣游戏将学习贯彻习近平新时代中国特色社会主义思想主题教育充分融入主题活动，通过丰富多彩的活动形式，实现主题教育"活起来"，发挥文化引领作用。

1. 迎百年党建，推出红色数字文化产品。在建党百年之际，公司主动深度参与国内首个红色数字文化体验空间"复兴·颂"项目的改造，并受宣传部门委托负责场馆运营。两年来，复兴·颂吸引了众多党政机

关和企事业单位、市民游客、学生等组团前来，不仅成功举办过多场红色主题宣传展，还成为上海市委宣传部指导的上海网络出版单位党建联盟学习实践基地、黄浦区"爱国主义教育基地"和"市民学习基地"。截至目前已累计接待游客超万人次。去年，开展了《马克思漫漫说》红色主题漫画展览与《马克思与我们这个时代》主题党课，为思政教育的模式和内容探索新的路径。

2. 传承中华文化，数字文创与游戏结合。游戏作为一种数字内容载体，近年来在传承和弘扬中华优秀的传统文化、满足用户精神文化需求等方面发挥了越来越大的作用。用游戏讲好中国故事，盛趣游戏一直以此为己任，并不断探索"传统文化的数字化表达"。目前盛趣游戏已携手上海师范大学开发多款功能游戏，包括《乐神曲》《令狐生冥梦令》《脸·谱》《行当》《衣箱》5 款，涵盖非遗文化融合、国粹传承等内容，为国内功能游戏市场展现了新的重要成果。同时，盛趣游戏也在将更多传统文化内容加入游戏开发当中，并与各地非遗文化进行合作，进一步传播传统文化之美。

3. 创编热门文创题材，丰富游戏产品。盛趣游戏对近年来受到广泛

《传奇世界》与豫园的线上线下联动

关注和好评的文创作品进行评价和梳理，从中选出优秀作品进行游戏再创作，比较成功的是改编自小说的《庆余年》手游。以汉唐时期的文化和社会背景为蓝本，构建了一个正处于封建社会鼎盛时期，文化百花齐放，民族艺术交汇，国士居庙堂，侠客隐于野的精彩世界。游戏不仅在场景塑造、玩法体验、服饰设计、音乐等多个方面融入了中国的书法、诗词、绘画、建筑等元素，还把儒家、道家以及江湖侠客文化也融入了游戏当中，带领玩家走进一个国风浓厚的武侠世界，也为我国手游创新开辟了新途径。

供稿：许文燕、杨华、单佳佳

美团，帮大家吃得更好，生活更好

（美团）

一、组织简介

美团成立于 2010 年 3 月，是一家科技零售公司。2018 年 9 月 20 日在港交所挂牌上市。

公司以"零售＋科技"为战略，持续推动服务零售和商品零售在需求侧和供给侧的数字化升级，和广大合作伙伴一起努力为消费者提供品质服务。业务涵盖消费者"吃住行游购娱"各个方面，覆盖全国近 3000 个县市区旗。其中，商品零售涉及美团优选、买药、外卖、快驴进货、小象、闪购等业务，服务零售包括美团美食、酒店、门票度假、休闲娱乐、丽人医美、机票火车票、单车及电单车、餐饮系统、美团配送、美团企业版等业务。

公司获有"智慧生活国家新一代人工智能开放创新平台""国家企业技术中心""中国专利优秀奖"等荣誉，是"全国脱贫攻坚先进集体""上海市文明单位""上海市青年五四奖章集体"，2023 年列上海民营企业100 强第二名。

二、理念系统

使命——帮大家吃得更好、生活更好。

愿景——用科技连接消费者和商家，提供服务以满足人们日常"吃"

的需求，并进一步扩展至多种生活服务业。和大家一起努力，更好承担社会责任，更多创造社会价值。

核心价值观——以客户为中心、正直诚信、合作共赢、追求卓越等。

经营理念——1. 助力商家经营提效，促进行业主体共同繁荣发展。2. 以科技带动创新，为行业发展持续提供动能。3. 提高消费便利性，满足居民美好生活需要。4. 关怀骑手个体发展，提升工作体验。5. 积极协同各方，共建美好数字社会等。

行为准则——关注客户、学习并好奇、坚持最高标准等。

公司的理念也会根据不同阶段持续迭代更新，最终帮大家吃得更好、生活更好，更好承担社会责任，更多创造社会价值。

三、实践做法

（一）以骑手为重要伙伴，加强人文关怀，提供平台支撑

骑手是美团的重要伙伴，保障骑手安全、帮助骑手发展一直是公司工作的重点，平台致力于推动骑手成为社会的践行者和守护者的同时，提升骑手工作体验、增进生活福祉。

1. 加强骑手职业意识培训，提高骑手的工作安全系数

在坚持对骑手进行安全教育的同时，从科技装备创新、配送规则优化、防控消防风险、提升安全意识、探索警企共治多角度综合发力，进一步保障骑手群体的工作安全。2022 年参与安全培训的骑手数量超过 5000 万人次，2022 年线下举行的安全专题培训数量超过 7000 场。

2. 持续畅通职业发展通道，不断健全骑手劳动保障体系

平台推出了四项举措满足骑手对职业发展的需求，包括骑手线上学习平台、站长培养计划、骑手转岗机制与骑手上大学，为骑手提供多样化的职业发展路径。2020 年至 2022 年底，参与"站长培训计划"的骑手数量超过 30 万人次。自 2018 年起举办 717 骑士节，用多种方式提供生活关怀，让骑手的工作生活更幸福。

此外，为破解骑手群体党员难找、组织难建的问题，美团坚持以组织建设为基础，坚持"骑手工作在哪里，组织就跟进到哪里"。全面升级骑手注册系统，新增党员基本信息采集，实现线上化、实时化管理。发挥平台作用，创新"四驱工作法"联动合作商扩大"两个覆盖"，骑手党支部数量不断扩大，暂不具备建立党组织条件的，推动做好群团组织工作。

3. 升级帮助骑手家庭的举措，努力为大家解决更多难题

平台在努力守护骑手及其家人的健康，除了在配送站点设置"健康服务专区"，还推出了"袋鼠宝贝公益计划"，为全行业骑手子女提供大病帮扶和教育支持，截至2024年1月底，通过"袋鼠宝贝公益计划"，获得公益大病帮扶的骑手子女人数超过700人。

（二）坚持以客户为中心，助力营运商，支持就业群体

自2010年3月成立以来，美团持续推动服务零售和商品零售在需求侧和供给侧的数字化升级，和广大合作伙伴一起努力为消费者提供品质服务。美团始终以客户为中心，不断加大在新技术上的研发投入。美团会和大家一起努力，更好承担社会责任，更多创造社会价值。

1. 助力消费市场回暖，帮助商户提高运营能力

美团持续推出直播、短视频等新形式以及神券节、节假日优惠等活动，助力商户探索新流量和新场景。美团外卖将直播商品券和商家货架销售打通，用户在核销商品券时可以顺便加购其他商品，进而带动商家整体销售增长。

截至2023年3月，美团在湖北、北京、深圳、天津、杭州等100余个省市，协助政府发放电子消费券近20亿。为持续深化"必吃榜"对优质

帮助商家优化运营

餐厅的流量扶持影响，2022 年 6 月，大众点评连续第六年发布"必吃榜"，共有 57 城 1482 家优质餐厅上榜，为线下实体发展注入新动能，也有效地宣传了餐饮小店的好味道、好口碑。自 2017 年首次发榜以来，已有 6 亿人次通过"必吃榜"探索城市美味，累计带动 5000 余家优质商户发展。

为更好地满足广大消费者对评价真实性的需求和期待，美团近年来着重于推动平台自身治理，营造良性竞争的平台环境，履行平台应尽、必尽职责，并通过产业链溯源、技术协助打击、预警模型开发、高频宣传防范等多种举措，与各方联动治理、有效共治。2023 年 1—8 月，协助配合各地公安机关成功打击黑灰产案件 170 余起，尤其在打击治理刷单炒信、恶意索赔、电信网络新型诈骗等黑灰产案件，以及针对黑灰产产业链中上游进行溯源治理等方面成果显著。

2. 支持新职业群体，构建均衡、友好数字社会

美团与各界伙伴一起，通过开展培训、职业认证等帮助新职业从业人员更好地成长。针对不断涌现的新职业开展专门的技能培训班，帮助生活服务从业者成长，设立餐饮、外卖、酒店、美业、民宿等多个培训中心，开展店长课堂，满足生活服务从业者的学习与认证需求，助力生活服务业数字化人才培养。截至 2022 年底，美团拥有超过 2000 位生活服务业讲师，开发了 9800 门课程，学员人数达 5439 万。

3. 科技赋能公益，运用数字技术为特殊群体服务

上线运营"盲人版商户通"，为盲人商户提供低门槛、零成本的营销推广渠道以及标准化互联网经营培训，帮助盲人商户吸引线上客流、减轻经营成本。截至 2022 年底开通盲人版"商户通"的商户量达到 8024 家；上线"长辈版"App，通过优化设计、简化操作等方式，帮助老年用户更便捷地享用服务。联合 20 余个景区推出美团门票线下预订关怀版，简化老年游客入园预约流程，为老年人提供帮扶和引导。2022 年全年服务老年用户量近 1000 万人次；于 2017 年发起关注环保议题的"青

山计划"，聚焦绿色包装、低碳生态、青山科技、青山公益四大板块，带动外卖全产业链和消费者参与绿色低碳行动，积极参与外卖行业绿色包装标准化建设，探索塑料餐盒回收模式。2021年，美团发起"青山科技基

零售＋科技

金"，以 5 亿元投入，吸引和鼓励科研力量助力环保研究。截至 2022 年底，累计在 7 个省份超过 1500 个社区及单位开展规模化垃圾分类及餐盒回收项目，规模化回收项目已累计收集塑料餐盒超过 6400 吨，减碳超过 8400 吨。累计孵化并投放 31 款、291 万件绿色包装制品；美团"乡村儿童操场"公益计划由美团联合壹基金等慈善组织发起，旨在为欠发达地区的乡村儿童铺设多功能操场，截至 2024 年 1 月底，已建成 1346 座乡村儿童操场，66.6 万家公益商家参与，51.5 万家爱心网友参与，受益的乡村儿童共 20.1 万名。

（三）服务乡村振兴战略，提升产品品质，打造公益平台

美团发挥电商平台优势，以科技助力农产品上行，开展电商带头人培训计划，带动农民增收致富，以实际行动响应国家乡村振兴战略，荣获"全国脱贫攻坚先进集体"、全国脱贫攻坚奖"组织创新奖"等国家荣誉。

1. 通过即时零售平台，让农产品更快从产地走到消费者手中

在全国多地组织开展农产品上电商系列活动，助力优质农产品拓展销路。2022 年 9 月，美团优选开启"金牌产地·喜迎丰收"活动，联动诸多合作商，为生鲜、粮油等农产品提供超 1 亿次线上曝光。美团优选平台上超过一半的自提点位于乡镇，为各地区创造了多种本地就业岗位，也为从业者提供了就近工作的机会。

本地尖货项目　助力乡村振兴

2. 实施特色农产品计划，从帮销售到建品牌助力农业数字化

小象超市（原美团买菜）推出"寻鲜中国"系列活动、"本地尖货"品牌打造计划，让特色农产品通过即时零售平台更快从产地走到消费者手中，助力农产品品质提升和标准化生产。现有"本地尖货"300余种，北京庞各庄西瓜、上海南汇水蜜桃、广州增城荔枝等众多区域名品，不但做到了成熟即采摘，还能在一天内完成产销全链路，让消费者吃得新鲜，农户增产增收。

3. 致力于人才培养，打造乡村及县域经济发展的公益平台

在培训电商带头人方面，美团加强与县级政府合作，开展"乡村振兴电商带头人培训"计划，对致富带头人培训服务，传递社区电商运营新思维，助力当地电子商务发展。截至2022年底，累计培训驻村第一书记及乡村电商从业者1200人。录制课程在"学习强国""美团培训"上线后已有10万人学习浏览。

供稿：常洛、孟茜、房奇

巨人网络：以文兴企，走高质量发展之路

（巨人网络）

一、组织简介

巨人网络是巨人集团所属中国 A 股上市公司，是一家用创新驱动的互联网企业，通过提供有核心价值的产品或服务，让用户享受创新带来的便利。公司坚持聚焦、用户第一、阳光经营的发展理念，致力于打造百年品牌。

公司坚持自主研发，聚焦精品战略，在电脑端网络游戏和移动端网络游戏市场均推出了多款游戏精品大作，特别在 MMORPG 和多人休闲竞技领域建立了良好的竞争优势，其中《征途》开创免费商业模式，首创自动寻路、自动打怪等创新玩法被全行业模仿，成为行业游戏制作标准。《球球大作战》开创休闲竞技全新游戏品类，累计设备安装量突破 6亿，日活跃用户峰值超 2900 万人。此外，公司旗下《月圆之夜》《太空杀》《帕斯卡契约》《仙侠世界》等自研精品游戏，亦受到广大玩家认可。

公司先后获得中国出版政府奖、中国互联网百强企业、中国游戏十强大奖、上海文化企业十强等荣誉，连续三年入选"国家文化出口重点企业和重点项目名单"。

二、理念系统

愿景：打造百年品牌。

发展理念：坚持聚焦、用户第一、阳光经营。

人才观：狼性、悟性、韧性。

行为准则：说到做到，只认功劳，敢担责任，严己宽人。

三、实践做法

（一）以人为本，创新激活，进取求胜

文化是企业的灵魂，优秀的企业文化可以推动企业朝着高质量的方向发展，提高企业的核心竞争力。

1. 重视人才培养，给年轻人舞台

巨人网络相信游戏行业未来属于年轻人，坚持给年轻人提供舞台，这一点贯穿在文化宣传、人才招聘、职级晋升、研发制度、团队建设等方方面面。

近年来，公司提拔了一批平均年龄在 30 岁以下的 90 后年轻骨干，让他们在各项目中承担关键工作，在实战中获得更快成长。一位 95 后校招生入职三年便成为独当一面的项目制作人，在巨人舞台上实现飞速成长。类似这样的年轻骨干，在巨人内部不在少数。

面向校招生，巨人网络还建立了每年一度的"巨新星成长训练营"人才培训计划，采用导师制模式，帮助校招生开启在巨人的成长之旅。训练营涵盖了游戏行业入门课、职场新人赋能通用课、素质拓展活动、赛道介绍会、专业课程等多个环节，让校招生在培训中了深入体会公司的人才观和文化，更好地迅速融入巨人大家庭。

2. 鼓励创新，激发组织活力

巨人在发展历程中取得了多个领域的成功，这与公司重视人才和创新的基因是密不可分的。创新文化根植于巨人，持续激发着员工的创作热情和创造力。

一直以来，巨人网络持续投入搭建平台、优化机制、升级研发文化，鼓励员工积极自发提案，让更多优秀项目涌现出来。《球球大作战》就

是这样开发的，该项目最初由 4 人小团队在内部孵化，快速迭代，打磨产品，因而能够依靠用户口碑实现滚雪球式增长，开创休闲竞技全新游戏品类。卡牌策略手游《月圆之夜》也是在这个文化下脱颖而出的，游戏对策略卡牌玩

《球球大作战》掀起现象级移动电竞风潮

法进行了创新，结合引人入胜的背景故事，在上线之初即收获苹果 App Store 年度"最佳本土独立游戏"大奖，更多次获得 App Store、Google Play 全球范围的推荐，是国内游戏玩家心目中的口碑佳作。

3. 倡导狼性文化，塑造进取精神

在互联网行业，激烈的市场竞争促使企业必须保持进取精神、有危机意识，因而衍生了"狼性文化"。"狼性"是指像狼一样拥有敢于挑战、不怕困难、坚韧不拔、团队协作的精神。

巨人网络倡导狼性文化有创新独特之处。举一个员工活动例子，得益于巨人园区内湖的天然优势，公司在端午节有一项富有特色的节日活动——龙舟赛。这是一项需要每个队员克服体力极限、齐心协力、奋进拼搏才能帮助团队取得胜利的比赛。在比赛中体现的勇往直前、强调团队协作的精神，正是巨人网络"狼性文化"的体现。2023 年，巨人龙舟赛规模创下新高，由公司员工组成 23 支队伍、近 300 人参赛选手，团队的凝聚力、自驱力和协作能力在比赛中得到了提升，使文化更加深入人心。通过这样开放、合作、包容的氛围，也促进了员工之间的沟通和交流，使得协作创新更加顺畅。

2023 年巨人龙舟赛现场，一支支龙舟队奋勇争先

（二）坚持用户第一，实施精品战略，履行社会责任

巨人网络一直以来坚持自主研发、聚焦精品战略，持续创造高品质的游戏体验。公司不断强调"聚焦聚焦再聚焦"理念，鼓励团队把精力聚焦到所有工作中最核心的地方，扎进去，深下去。

1. 坚持自主研发，聚焦精品战略

精品是聚焦的目标，聚焦是精品的途径。公司成立二十年以来，聚焦研发了两大旗舰 IP——征途 IP 和球球大作战 IP，围绕这两大 IP 进行长远规划，不断打磨产品。

以往谈游戏精品，会关注游戏核心玩法、画面表现力、技术体验等指标，但在今天看来，文化内涵也是游戏成为"精品"的关键要素，一款游戏如果拥有积极的世界观、丰富的文化内涵，能带给用户更深刻、更持久的体验。近年来巨人在这方面展开了积极探索。以《球球大作战》为例，该游戏与中国航天·航天文创、上海美影厂、上海科技馆、敦煌博物馆等知名文化、科研机构达成合作，通过数字化技术弘扬中华文化瑰宝，打造创新的国产 IP 精品内容，用数字化新模式传递着文化经典。

2. 贯彻"用户第一"理念，把玩家服务好

巨人网络董事长史玉柱不断强调要将"玩家的感受放在第一位"，并提出了"贴近玩家，共创征途"以及"善待玩家、尊重玩家"的要求。

巨人网络在 2005 年成立了客户服务部门，在组织构架、流程设计、人员管理、数据评定、团队氛围等方面达到了 4PS 国际标准化评定，在行业内多年秉持先进的服务理念和高效的人员管理模式，并多次在客服工具创新、客服工作延伸、客服效益创收等方面获得行业内专家肯定，荣获 2022 年度金音奖中国最佳客户联络中心奖。在产品服务上，以征途IP 为例，为了拉近与玩家的距离，向玩家打造了征途嘉年华、玩家见面会等活动，在全国各地的知名文化景区如北京司马台长城、上海广富林遗址公园等陆续举行，吸引了数以千计的征途玩家前来参与，将游戏中的场景和现实中的文化景观相结合，进一步提升了玩家的游戏体验和满意度。

3. 坚守阳光经营，打造百年品牌

巨人网络始终坚持阳光经营理念，立足长远，健康经营，不做短视行为。公司十分重视履行企业社会责任，认真落实各项政策规定，特别是压实针对未成年人保护及防沉迷的各项措施。同时，公司积极响应国家乡村振兴、教育振兴的号召，为改善贫困地区教育资源作出自身贡献。

截至 2022 年，巨人网络已向贫困山区中小学捐赠图书合计逾 17000册，捐建重庆市秀山县隘口镇岑龙小学综合楼、重庆市彭水县三义中心校及森林希望小学科教馆，均已投入使用；为解决河南兰考县学校冬季取暖的现实困难问题，公司对兰考县 5 所义务教育学校捐赠 263 套低耗能太阳能供暖设备，为师生送去温暖关怀。此外，公司捐赠的教学电脑、智能黑板、课桌等各类科教器材以及阅读系统教育软件等，亦陆续投入使用。

（三）深耕数字化，拥抱新技术，追求高质量

1. 释放多元价值，拓宽游戏边界

作为一款在年轻玩家中具有影响力和号召力的国民休闲竞技游戏，巨人网络旗下《球球大作战》一直致力于探索数字化传承的新模式。在《球球大作战》和敦煌博物馆的跨界联动中，游戏里推出了"穿越时光·遇见你"主题联动活动,通过数字化技术弘扬了千年敦煌文化。玩家在游戏里的"筚篌余音"玩法中体验了敦煌壁画中的古乐悠扬,在"敦煌博物志"活动中领略浩如烟海的丝路文化。此外,游戏中还以敦煌特有的文化象征飞天、丝路、祥瑞为原型设计了四款绝美联动皮肤,从形、神、色上力求还原敦煌千年古韵。

与中国航天·航天文创联动,《球球大作战》推出了"飞天"特别版本,在游戏中普及航空航天知识。游戏内,"时光领航行动"定制玩法让玩家可以与航天员"噗噗羊驼"一起,乘坐时光机回到过去,回顾中国航天发展历程上一个个重要的瞬间;《球球大作战》还把航天文化与电竞相结合,将神舟七号载人飞船运载火箭长征二号F的火箭碎片镶嵌在BPL夏季赛奖牌上,并与中国邮政联动发行特别版"飞天"纪念封,在寓教于乐中弘扬航天文化。

2. 积极拥抱新技术,全面布局"游戏+AI"

巨人网络高度重视对AI的布局,认为AI不仅是技术进步的代表,更是创新游戏开发方式的关键,人工智能在游戏领域更容易发挥,"游戏+AI"是大势所趋。巨人网络在2022年底成立了AI实验室,全力进行AIGC相关工作研究和推进。在AI团队的努力下,公司已正式完成游戏AI大模型GiantGPT的备案,是首批实现了此成果的游戏企业。如推理派对手游《太空杀》打造了全新的AI玩法"AI推理小剧场",是完全由GiantGPT大模型打造出千人千面的剧情内容。

目前,AIGC对游戏领域影响较大的是对研发效率的提升,巨人网络已将大语言模

巨人网络AI实验室亮相2023年云栖大会

型、语音生成、2D/3D 视觉内容生成等技术广泛应用于研运环节，减少制作环节成本、促进生产力；其次，将多模态感知能力、大模型驱动 AI Agents 深入到游戏内，能够有效推动并实现玩法层面创新。

供稿：吴丽莎

喜马拉雅：每一天的精神食粮

（喜马拉雅）

一、组织简介

上海喜马拉雅科技有限公司成立于 2012 年，旗下拥有深受用户喜爱的在线音频分享平台"喜马拉雅"。公司总部位于上海浦东张江，现有员工近 3000 人。

喜马拉雅在线音频服务上已经累积了包含 101 个品类的 3.4 亿条音频，包括有声书、有声剧、大师课、播客、亲子儿童等内容，能满足用户从 −1 岁到 100 岁不同年龄阶段的不同需求。2023 年，喜马拉雅全场景平均月活跃用户已达 3.02 亿，移动端活跃用户日均收听时长达 130 分钟。《中国网络视听发展研究报告（2023）》显示，在网络音频平台方面，喜马拉雅保持一枝独秀，月活跃用户占整体用户七成以上，是网络音频行业第一梯队的唯一一家。

喜马拉雅的内容和技术发展成果广受国家及行业认可，近年来获评上海市文化企业十佳、上海市优秀网站、上海市重点服务独角兽企业等荣誉；连续荣获广电总局年度 / 季度优秀网络视听作品；2023 年，获评中央网信办网络综合治理局颁发的"2022 年度'清朗'系列专项行动成效突出"奖。

二、理念系统

使命：用声音分享人类智慧，用声音服务美好生活。

愿景：做一家人一辈子的精神食粮。

价值观：领导力行为准则。对事层面，坚持以客户为中心、拿结果、最高标准、创新简化、勤俭节约；对人层面，倡导赢得信任、协同共赢、选贤育能；对己层面，提倡主人翁精神、好奇求知。

三、实践做法

作为互联网文化科技的代表性企业，喜马拉雅致力于用声音分享人类智慧，用声音服务美好生活，提供一家人一辈子的精神食粮。

（一）知行合一，持续塑造企业文化

围绕领导力行为准则，喜马拉雅整合搭建了深厚的企业文化知识库，为员工提供了明确的行为指南和思想框架，让价值观念生根发芽，带动更多的伙伴认同和践行文化价值观。

一是细化文化宣传。公司利用内网和移动应用等数字平台，创建了一个视觉化和互动性强的企业文化展示空间，为员工提供了明确的行为指南。同时，通过文化宣发"入眼"、沟通体系"入心"、文化活动"入魂"，让价值观念生根发芽，使企业文化落到实处，带动更多的伙伴认同和践行文化价值观。

二是优化沟通体系。喜马拉雅重视跨部门沟通协作，建立了全面且高效的沟通机制，以保障企业信息的畅通无阻和企业文化的有效传播。在内部社交系统中，透明的架构与便捷的聊天系统轻松实现了跨部门无障碍沟通；鼓励员工在线上论坛自由交流，提出创新意见或批评性建议，并通过"人人建言"模块及 CEO 面对面活动提供反馈渠道。

三是活跃文化活动。喜马拉雅鼓励员工定期进行户外拓展训练、团队旅行或者体育赛事，在文化活动中贯彻"协同共赢"的理念。并通过司庆、年会等活动，传达公司的使命和愿景，让员工在参与中感受到自己是公司使命的一部分。2024 年喜马拉雅年会庆祝了公司实现 2023 年全年持续盈利的经营里程碑，让基层伙伴们共享成功的喜悦，加强了企

业文化的内在价值。

四是加强组织建设。2018 年起，喜马拉雅在上海市委统战、浦东区委统战部联合指导下，正式成立新的社会阶层人士联谊会（简称"喜联社"），并于 2023 年进一步设立新的社会阶层人士统战工作联络点。喜联社作为新媒体从业人员的"服务站"和社会主义核心价值观的传播阵地，将喜马拉雅员工与平台主播紧紧团结在一起，支持他们的个人成长与自我价值实现。

（二）文化引领，做一家人一辈子的精神食粮

1. 分享人类智慧的"声音宇宙"

围绕音频和内容，喜马拉雅连接上下游产业，积极构建一个超级音频内容生态圈。从上游来看，喜马拉雅整合了全面的版权内容资源，确保了上游版权优势，持续生产优质的音频内容。与 160 多家头部出版社、140 多家中国头部网络文学平台建立合作伙伴关系，打造"无用学·大师课"品牌，集结数十位名师大咖，推出了 60 多门高质量课程，为用户带来思想成长。喜马拉雅通过播客，给用户便捷的音频创作工具，激励普通用户参与创作、分享音频。2023 年，喜马拉雅更推出"万千星辉"播客扶持计划，投入亿级流量，千万奖金助力播客生态建设，推动播客文化破圈。

从下游来看，喜马拉雅在 AIoT（人工智能物联网）领域，不断拓宽内容分发和终端应用场景，满足用户多元化、全场景的终身内容需求。喜马拉雅是国内首家探索有声书全景声制作的互联网平台，喜马拉雅的车载全景声技术已引入理想、蔚来等汽车，为车主提供沉浸式的音效体验。

2. 弘扬主旋律的"精神堡垒"

喜马拉雅始终坚持党建引领，同步推进"企业党建"与"平台党建"，成功打造"红色喜马"党建品牌，实现党建工作与企业发展同频共振、互促共赢。喜马拉雅党委通过主题党日、志愿服务、学习研讨等党

建活动，增强企业党员的凝聚力和向心力。同时，通过与业务部门进行联动开展党建联建活动，在平台运营层面开拓新思路。"红色喜马"荣获浦东新区互联网企业党建十大优秀品牌。

喜马拉雅党建品牌"红色喜马"标识

平台层面，喜马拉雅充分发挥音频资源优势，打造互联网主流价值观传播阵地，传播正能量。党的二十大期间，在中宣部和国家广电总局指导下，喜马拉雅上线"新时代·新经典——学习习近平新时代中国特色社会主义思想重点数字图书（有声）专栏"；围绕二十大主题宣传和精神学习，重点推出《迎接党的二十大》《二十大进行时》《习近平谈治国理政》第四卷、《读懂二十大》等一系列主题节目，累计收听超 3 亿人次。

3. 助力传统文化"声声不息"

2023 年，喜马拉雅联手文化和旅游部民族民间文艺发展中心打造《故事中国》音频节目，基于《中国民间故事集成》精选自 31 个省（区、市）的千余篇传统故事，制作 700 篇展现地域文化特色的音频"地方志"。每篇故事均详述讲述者、采录者、时间和地点，原汁原味地呈现民间故事和地方文化，旨在通过在线平台向全球传播中国民间文

喜马拉雅自制音频节目《故事中国》，呈现丰富多彩的民间故事

化，增强中华文化的国际影响力。

（三）以声为媒，服务美好生活

1. 丰富公共文化供给，让城市更美好

喜马拉雅基于平台海量优质文化内容，探索线上线下融合的公共文化创新产品和服务，包括有声图书馆、城市主题原创剧场、喜马拉雅亲子会员店等，构建新型文化场景和业态，引领城市 IP 与文旅新发展，增强城市活力。目前，已在全国 300 多城市建立超 20000 个有声图书馆。

喜马拉雅与地方政府合作，创作城市有声剧，传播地方文化。与扬州合作的《寻泷》"城浸市剧场"结合当地文化和喜马拉雅的制作能力，通过故事化手法展现扬州千年文化，是创新呈现地方文化的尝试。通过原创有声剧串联城市的历史、文化、美食等元素，融入悬疑、穿越、推理故事，助力城市品牌 IP 的推广。

2. 科技赋能文化，提升生活享受

喜马拉雅长期专注于语音合成、语音识别、语音信号处理等技术的研究和开发，为文化产品与服务创新提供技术引擎，用 AIGC 为文旅内容赋能，为产业注入新活力。凭借先进的 TTS 技术，喜马拉雅成为音频领域 AIGC 先行者，多情感、多风格、多语种的 TTS 技术模型已应用于数字出版、语音修复等多个场景。在北京单田芳艺术传播有限责任公司及家属授权下，喜马拉雅利用自研 TTS 技术重现评书大师单田芳的独特声音，用科技传承国家级非物质文化遗产评书艺术。

（四）创新声音公益，践行文化向善

1. 关注银发群体

喜马拉雅致力于帮助银发群体融入数字世界，作为首批完成适老化改造的 App，推出了专为老年人设计的"长辈模式"，在操作上易于使用、内容上满足需求，深受老年听众喜爱。同时，推出"喜马拉雅陪伴机"智能硬件，助力银发族轻松连接世界。同时，积极扶持老年人主播，鼓励他们在互联网上记录生活、分享知识，在数字时代焕发新活力。目

前，平台已有超过 15 万名 60 岁以上的老年人主播，其中年龄最高的已经 100 岁，粉丝最多的超过 250 万。

2. 陪伴青少年成长

喜马拉雅以创新的有声阅读平台，为孩子们的成长提供智慧的滋养。倾力打造儿童专属 App，联合公益伙伴精选适合不同年龄段孩子的有声内容，丰富阅读体验，激发想象力与好奇心。创新推出"爸妈讲故事"功能，利用 AI 技术将家长的声音嵌入知识库，实现孩子随时随地听家长的声音讲故事，拉近亲子关系。积极推动教育平等，与教育部门合作，每月为学生提供免费的科普有声书。联合共青团中央、中国光华基金会，通过"一起云支教"项目，促进城乡学生共读；开设"喜马小学堂"，捐赠智能设备，惠及上万师生。

3. 赋能残疾人主播

喜马拉雅用声音为残疾人赋能。成立残疾人赋能工作小组，用"培训＋孵化＋平台支持"模式促进残疾人创收与就业，助力他们平等融入社会，获得更多认可和尊重。2023年 12 月，喜马拉雅与中国盲人协会正式达成战略合作，携手推动信息无障碍。同时，

喜马拉雅平台视障主播马寅青，正在录音间录制节目

喜马拉雅联合 37 家出版社发起"点亮心光"公益计划，为视障主播提供版权作品，让他们有书读、有书录、有钱挣。

供稿：吴琪、杨晓飞

不忘初心，内外兼修，
争做为国育才的网络平台

（易班网）

一、组织简介

易班网成立于 2004 年，是面向学校提供教育教学、生活服务、文化娱乐服务的综合性互动平台。现有员工 120 余人，其中专业技术人员 40 余人。

易班网为全国高校提供各类汇集学校教务、网络教学、学生生活、互动应用、文化活动等全方位的平台服务，为市场主体提供各类蕴含巨大价值的通道服务，同时通过优课平台提供内容丰富的增值服务。拥有易班、易班优课、易班博雅、易班中职、青梨派等服务产品，服务范围覆盖全国 1800 余所高校，拥有超过 3600 万实名大学生用户，行业排位列第一。

易班网先后荣获上海市文明单位、上海市优秀网站、上海市高新技术企业、上海市专精特新中小企业、上海市创新型中小企业等称号。

二、理念系统

使命：回应时代诉求，落实立德树人根本任务。

愿景：实现教育的梦想（用全方位的校园优质服务，满足学生成长成才的实际需求，在学生使用平台服务的过程中，实现自我教育和提升）。

核心价值观：素质优异、技艺精湛、创新突破、勇担使命。

三、实践做法

（一）塑形铸魂，奋力开创企业文化建设新局面

实践证明，优秀的企业文化对内可以增强凝聚力，对外可以树立良好形象，是企业核心竞争力的重要组成部分。为此，易班公司高度重视企业文化建设，以宽广的眼界和与时俱进的精神，全面推进企业文化建设，把企业文化建设融入企业经营管理和精神文明建设的全过程。

1. 坚持学习，素质文化建设稳中有升

长期以来，易班网一直坚持以提升职工素质为己任，注重职工的学习工作教育，利用新员工培训、午餐会、总结会等形式向职工讲解公司发展历史、企业核心价值和职工素养培训计划等，让职工逐渐深入了解企业文化。另外，公司有计划、有步骤地对不同工种进行岗位培训，保证了职工业务技能的不断提升。通过有计划地安排组织员工参加学习和培训，不仅调动了广大员工学习兴趣，扩大了知识面，而且提高了员工的整体素质和自学能力，增强了员工对企业的认同感、归属感和责任感，为企业的整体发展奠定了良好人才基础。

2. 规范有序，制度文化建设显著增强

管理制度是实现公司目标的有力措施和手段。易班网结合面临的新形势和发展的新要求，以及上级检查、巡察中提出的要求，及时对工作管理中缺少的制度进行了补充，对与目前公司形势和上级要求不相适应的制度进行了完善，同时修订了"三重一大"决策事项管理办法等 6 项制度。在建立和完善各项制度的同时，公司及时通过各种会议等形式进行了大力宣传，得到了广大职工的广泛认同，确保了制度的执行力，通过梳理、完善制度建设，形成了导向鲜明、体现企业价值观的制度文化，促进了企业文化的建设。

3. 多彩多姿，企业文化活动健康丰富

易班网一直以来十分注重公司职工的精神文化生活，努力为职工创

造丰富多彩的文化娱乐活动，确保职工精神生活健康和谐。文明创建以来，公司开展了重走红色路线、重温入党誓词、广播操比赛、观看红色电影、素质拓展等意义丰富、参与率高的活动。同时在端午节、清明节、中秋节等中国传统节日组织了征文活动，广大职工都能积极参与，深受职工好评。同时公司密切关注职工生活，开展了春节期间慰问困难职工、困难党员活动，使帮扶工作经常化、制度化。

（二）践行使命，倾力打造培育时代新人新平台

作为全国唯一一家以为学生提供"互联网＋教育教学、生活服务和文化娱乐"等全方位校园服务的平台型互联网公司，易班始终牢记创立使命，坚持遵循教育规律和学生成长规律，紧跟互联网发展趋势，用正确的文化导向和发展理念，为上海乃至全国的师生提供全方位的校园服务，协助学校提升管理能效，服务学生成长成才，为国家培养时代新人贡献力量。

1. 提供全方面校园服务，满足学生需求

易班通过用最贴近学生、最受学生喜爱的形式去提供教育教学、校园生活、文化娱乐等全方位的校园服务吸引学生，并让学生在使用平台服务、参与平台共建的过程中实现自我教育。

每年在开学季，易班工作团队都会奔赴各高校举办迎新活动，通过

"易班优课"平台为高校学生提供就业指导

积极向上的活动、品牌宣传，在学生中树立良好的易班形象。以上海高校为典型，辐射全国，依托易班平台，开展系列线上专题活动和线下示范性活动，引导新生尽快加入易班，体验易班产品的教育性与便捷性，更快融入高校生活。

易班每年在高校开展校园迎新活动

2. 加强线上教育，丰富学校教学工具和手段

作为主动承担国家战略任务、服务学生成长成才的网络互动示范平台，易班积极通过汇聚并共享优质思政资源、开展主题活动及党史学习教育等方式，把立德树人融入校内外学习生活各环节。

例如，易班精心打造以思政课程为特色的"易班优课"平台，云集全国各地一大批优质思政类课程，为全国各地易班共建高校提供了"资源＋工具＋服务"的在线思政教学一体化服务，方便高校老师开展"主题式思政教育"，是创新在线思政教学模式的基础和保障。平台汇聚了3957门视频公开课和5.6万门私密课程，基于"易班优课"的教学课群已累计26.7万个。

3. 创新中小学校外教育，促进素质教育发展

经过多年发展，服务上海市中小学校外教育的"易班博雅"发展更趋成熟，教育资源整合能力进一步加强，平台注册用户已突破200万人，整合全上海市场馆、街道、社会实践基地2445家；为教育部门和学校育人选人提供精准数据参考的学生社会实践信息记录电子平台发布志愿岗位86万余个，累计为近百万中学生提供社会实践服务，积极推动素质教育在学生选拔中的应用。

上海市中学生劳动素养评价记录平台则重点围绕学生劳动素养指向的

上海市中学生劳动素养评价记录平台

内容及要求，以如实、客观记录学生劳动素养评价信息为核心，汇聚长三角各类优质劳动教育资源及劳动实践课程项目。平台已对接上海260余所高中学校、15万高中生及200余家长三角劳动教育基地及课程，将成为上海和长三角地区资源互联互通、共建共享、集成创新的劳动素养教育智慧平台。

（三）硕果累累，竭力奉献赢得社会高度肯定

经过多年的不懈耕耘，在全体员工的努力下，易班企业文化建设可谓是硕果累累，充分发挥出自身平台优势和渠道优势，在传播青春正能量、传递社会主流价值观、传承优秀传统文化等方面成效日益凸显。

1. 有效凝聚校园网络文化正能量

易班网每年坚持策划开展系列主题活动，以高校师生为主要参与者，通过线上巡展，优秀摄影、书画、视频内容征集，学习感悟征集等多种形式开展网络文化示范引领性活动，推进以易班为载体的校园网络文化健康有序发展，系列主题活动受到高校师生的普遍欢迎和积极参与，每年均覆盖全国近千所高校，参与师生达到数百万人次。

在配合开展建党100周年系列活动和学贯宣党的二十大精神系列网络主题活动中，通过"党史故事百校讲述""给00后讲讲共产党""青春献礼二十大 奋进担当向未来""你好，二十大! 加油，中国! 系列文化艺术作品线上征集活动"等一系列网络主题活动，有效引导青年学生传播时代正能量、传承红色基因、牢记初心使命。

2. 持续增强网络育人成效

易班网作为教育部网络育人工作"三驾马车"之一，始终致力于立足上海、辐射全国发挥平台优势，培育和孵化网络育人品牌活动。其中第六届全国大学生网络文化节原创校园歌曲作品征集评审活动，征集到 1713 件音乐作品，其中原创音乐作品 977 件，改编音乐作品 736 件，有力提升了师生网络文明素养。

此外，易班博雅网面向全市中小学生推出了劳动素养"空中课堂"，视频播放次数超过 10 万次，进一步引导中小学培育和践行社会主义核心价值观，提升未成年人的社会责任感。依托中职易班平台，以"新时代　新青年"为主题，开展中职校文明风采、中职易班迎新、易班年度评选等，在丰富中职师生校园文化生活的同时，有效提升中职学生的爱国主义情怀。

3. 推进中华优秀传统文化教育

易班网通过每日签到、趣味竞答、话题讨论以及专题页面等形式，展开"我怀念的传统文化"网络系列活动，引起了易友广泛好评。并引导和鼓励各校易班工作站发挥主观能动性，从传统节日、古代习俗、中华美食等方面入手，策划了"易班带你看巴蜀文化""厨神争霸活动""'电苑之夏'文化节""草坪书法大赛""'易'起抢粽"等 60 余项传统文化体验活动。

易班网每年还与各大高校联手，将"易文化"与"校园文化"相结合，共同打造弘扬优秀传统文化的网络文化特色项目，如与上海戏剧学院联合开发了"易戏剧"索票平台，为全市高校的易班用户提供高质量的传统文化演出信息和票源。还与高校学生社团合作，积极邀请汉服社、书法社、沪语社、越剧社、太极社等传统文化学生社团到易班平台开设特色公共号，交流传统文化知识、加强校际社团联动、推动全市大学生的文化互动。

供稿：李长治、张向林

筑梦完美旅程　铸就信赖品牌

（携程网）

一、组织简介

携程集团是中国领先的综合旅游服务提供商，成立于 1999 年。公司在全球拥有超过 5 万名员工，总部位于上海。

携程集团业务涉足旅游行业的各个领域，包括在线旅游预订、旅游度假、酒店预订、机票预订、旅游度假产品开发等。携程主要产品和服务优势包括丰富的旅游资源和产品、便捷的在线预订平台、全球范围的供应链网络、专业的客户服务和个性化的旅游体验。携程在中国在线旅游市场具有领先地位，根据市场份额和收入排名，是中国最大的在线旅游服务提供商之一。

携程集团曾获得多个国家和市级荣誉，包括中国最具影响力企业、中国最受尊敬企业、中国最佳雇主、中国旅游集团 20 强、2023 年度社会责任和社会公益特别贡献奖、上海市优秀网站、上海市互联网综合实力前五十家企业等荣誉称号。

二、理念系统

使命：追求完美旅程，共建美好世界。

愿景：成为世界领先、最可信赖的线上旅行品牌系列，致力为旅行者提供性价比高的完美旅程。

核心价值观：以客户为中心、团队、责任、诚信、伙伴。

企业精神：开拓创新、追求卓越、合作共赢。

形象用语：旅行，让世界更美好。

经营理念：以客户为中心，持续创新，追求卓越。

服务宗旨：为客户提供安全、便捷、高效的旅行服务。

行为准则：遵守法律法规，尊重客户，团队合作，诚实守信。

三、实践做法

作为中国领先的在线旅游服务提供商，携程一直秉持着"追求完美旅程"的使命和"成为最可信赖的线上旅行品牌系列"的愿景。为了实现这一目标，携程在内部文化建设和对外服务上均作出了积极努力，以确保每位客户都能享受到高品质的旅程和信赖的品牌体验。

（一）塑造精神内核，凝聚发展动力

携程深知企业文化对于公司发展的重要性，从多个方面入手，全面推进文化建设，以塑造企业的精神内核，构建凝聚员工、推动企业发展的内动力。

1. 文化宣贯——深入人心，形成共识。携程通过员工手册、领导宣讲、文化展廊和文化培训等多种方式，将企业文化深入人心。员工手册作为员工入职的第一课，详细阐述了携程的使命、愿景和价值观，让员工对企业文化有了初步的认识。领导宣讲则通过义释和例举，将企业文化的理念深入浅出、生动形象地传递给每一位员工。文化展廊则通过展示企业的历史沿革、发展成就和文化成果，让员工更加深入

携程党建文化墙

地了解企业的文化底蕴。文化培训则通过专业的培训课程，让员工全面掌握企业文化的内涵和要求，形成共同的价值共识。

2. 文化激励——激发潜能，促进创新。为弘扬携程核心价值观，鼓励并奖励在实际工作中践行文化理念的员工，激励更多员工将携程文化落地成工作行为，特设立携程荣誉体系。携程荣誉体系由"程果""程功""程意""程实""程新""程年"六大类荣誉组成，通过表彰优秀员工，树立榜样，激发员工的荣誉感和归属感。

3. 文化沟通——畅通渠道，增进理解。携程注重上下之间和相互之间的文化沟通，建立了畅通的沟通渠道和有效的沟通制度。通过定期的座谈会、交流会等活动，员工可以畅所欲言，表达自己的想法和意见。同时，携程还建立了完善的反馈机制，及时收集员工的意见和建议，为企业的发展提供有益的参考。

4. 文化活动——丰富生活，增强凝聚力。携程每年定期组织户外活动、拓展训练等团队建设活动，增强团队凝聚力，促进员工间的相互了解和合作。公司每年还会举办一次"文化活动周"，其间安排多种文化主

2023年携程运动嘉年华

题活动，如知识竞赛、才艺展示、公益活动等，丰富员工的精神文化生活。携程还通过实施"文化之都"计划，致力于打造一个富有活力、充满创新、团结协作的企业文化环境，让每一位员工都能在这里找到归属感、成就感和幸福感。

（二）优质服务引领，塑造企业价值

携程在经营管理、业务工作和社会服务中充分体现组织文化理念和价值追求，形成了独具特色的创新型工作和活动。

1. 坚持政治性，保持方向性。携程作为旅游行业的领军企业，始终坚持政治性，保持正确的方向性。在经营活动中，携程严格遵守国家的法律法规和政策要求，确保企业的经营活动合法合规。同时，携程还积极响应国家的号召，参与各种公益活动和社会责任项目，为社会的发展贡献自己的力量。

为顺应"全面实施乡村振兴"战略要求，2021 年，携程启动"乡村旅游振兴"战略，以公益为纽带、以自身旅游资源为载体，推出了 10 亿元的乡村振兴基金计划、专门成立乡村振兴项目团队，以公益性质投入携程度假农庄样板，规模化赋能 100 家乡村度假农庄，除硬件设施的建设之外，也在积极探索技术扶持、资源扶持、教育扶持、营销扶持等措施，在携程农庄所在地推出了乡村振兴学园，用以孵化乡村旅游业人才，通过"五年行动计划"全面推进乡村旅游产业。

2. 运用专业性，满足需求性。携程将组织理念融入业务工作中，将价值追求渗透于社会服务中。通过提供个性化定制服务、全程跟踪服务等创新举措，满足客户的多样化需求，提升客户的满意度和忠诚度。同时，携程还注重与客户的沟通和互动，及时了解客户的反馈和意见，不断改进和优化服务流程和质量，为用户提供的个性化服务和便捷度主要体现在定制化服务、一站式服务、可定制的行程、24 小时客服。这些服务为用户提供了更加便捷、灵活和个性化的旅行体验。

3. 发挥引领性，优化服务性。携程在行业中发挥着引领性的作用，

2023 年携程客服节

通过不断创新和优化服务，推动整个行业的发展和进步。携程注重客户体验和服务质量，不断提升服务水平和客户满意度。同时，携程还积极与合作伙伴建立良好的合作关系，共同推动旅游行业的繁荣和发展。

疫情期间，旅游行业受到影响，携程作为行业龙头企业，高管直播带货，并发起"旅游复兴 V 计划"，传递必胜信念，促进行业内企业抱团取暖，共谋出路，彰显出大企业的担当。去年，携程推出"2023 旅游振兴 A 计划"，针对性推出了三"重"战略，目标通过建设 10 个文旅产业孵化中心，"重构产业生态"；通过千名当地向导打造千种目的地"重逢"体验，"重塑品牌价值"；通过千亿流量四季营销促进万亿旅游消费"重振消费信心"，助力行业疫后振兴，创造文旅经济发展高峰。

（三）因为信赖，所以幸福

携程始终致力于成为最可信赖、最高效、最具责任心的旅行服务企业，努力为客户提供完美旅程。

1. 全球旅行 SOS 服务。携程于 2017 年上线"全球旅行 SOS"服务，面向集团所有用户，免费提供旅游行中的紧急援助。由此中国游客如遇到意外风险，将受到携程的一系列保护和援助措施。去年 7 月升级了 SOS 2.0 版本，除了客人互助、携程向导、海外领队、办事处三大实时资源外，将 SOS 服务资源升级至全球 27 个援助医疗机构，100 万家以上医疗合作机构，服务语言也升级为 24 种语言，全球旅行者可以向携程发起 20 类旅行紧急情况求助。

自 2017 年上线以来，携程"全球旅行 SOS 平台"为全球用户提供应急支援，处置行中突发状况等服务，目前覆盖旅客总数超过 3.5 亿，共接到来自全球 100 多个目的地、超 14000 余起求助，救援成功率达 98%。此前在巴厘岛阿贡火山爆发、夏威夷地震、山竹台风等 20 多起突发事件中为旅客提供服务。

携程希望通过"旅行 SOS"功能，解决行中客人旅途无助无依的痛点，尤其是出境游发生突发事件时，因语言障碍导致更加无助的情况。携程秉持着"令旅行更幸福"的目标，希望旅行者行中遇到困难第一时间想到的是找携程帮忙。

2. "STAR"社会责任战略。携程集团还在 20 周年庆上推出了"STAR"社会责任战略，并启动国内首个旅行公益平台。携程公益平台定位于"互联网＋公益＋旅行"资助模式，通过整合旅游生态链上下游伙伴和携程用户积分爱心捐赠渠道，创建国内首家实现弱势群体旅行梦想的公益平台。携程公益平台每年平均资助 50 个旅行公益项目，提供 1000 万爱心资金。除了支持旅行梦想外，公益平台还会在未来增加两个新的方向：旅行环保以及旅游扶贫，目标成为全球最大规模最有影响力的旅行公益平台。

供稿：吴梦楠、王丹

深入探索"游戏+"模式 践行多元向善理念

（波克城市）

一、组织简介

波克城市成立于 2010 年 4 月，立足于精品休闲游戏的全球化研发与发行，致力于成为世界领先的数字娱乐文化平台。现有员工 1500 人。

波克城市旗下产品覆盖休闲竞技、收集养成、模拟经营、策略对战等多个领域，业务范围目前已覆盖 200 多个国家与地区，在全球拥有超过 5 亿的注册用户，每日活跃用户超 3000 万，其中海外市场用户占比达 70%。在立足游戏研发和全球化发行的基础上，波克城市于 2020 年首提"游戏+"概念并上升为企业战略。

波克城市连续七年入选中国互联网百强（2023 年位列第 17 位），同时获得了国家文化出口重点企业、国家文化产业示范基地、上海市文化企业十强、上海版权优势单位、民营企业总部、贸易型总部、上海市职业技能等级认定社会化评价组织等荣誉和称号。

二、理念系统

波克城市凭借其研发技术与无限创造力，不断地拓展赛道，丰富产品，为用户们创造新鲜快乐的游戏体验。在此基础上，持续探索"游戏+"模式，将游戏和科普、教育、医疗、体育、公益等领域相融合，努力构建以游戏产业为核心，多产业交融发展的互联网新生态，让游戏在更广阔的领域发挥多元价值和正面积极的效应。

波克城市在公司内部积极践行"始终创业、简单务实、勇于担当、开放包容"的价值观，鼓励员工拓展自我边界、提高自我驱动力、持续学习、不断挑战；发挥企业的爱心效益，带领旗下员工创新和开发有意义的游戏，并积极投身于有益的社会实践当中。

三、实践做法

作为一家两新组织，波克城市从成立的第二年起即组建了党支部，在发展历程中，党建始终是波克发展的红色引擎。正是在党建引领下，波克找到了企业文化建设的抓手，也打开了业务跨界的局面，提出"游戏+"创新发展模式，聚焦未来的可持续发展。

（一）双管齐下，企业文化润物无声

在提出"始终创业、简单务实、勇于担当、开放包容"的文化价值观后，波克城市也对其文化内核作出了解读：始终保持危机感和创业心态，具备踏实实干的做事态度，同时企业也对员工给予足够的信任和发展空间。波克城市一方面从制度层面对文化价值观的贯彻加以落实，另一方面则在日常的经营管理中，将企业文化融入企业氛围的塑造过程，润物细无声地影响着每一个人。

1. 制度层面，构建再创业激励机制

波克城市积极推动自研产品的精品化，通过内部激励机制，鼓励制作团队内部创业，鼓励员工们凭借自己的丰富经验大胆开拓新的业务线，以公司内多部门组成的联合中台为支撑和保障，让制作团队能发挥自己的特长，发挥"始终创业"的精神，在其喜欢的品类和钟情的赛道中无后顾之忧地制作精品游戏。

针对年轻员工，波克城市提供畅通的内部晋升渠道与详尽的培训机制。从入职的第一天帮助员工适应工作环境、掌握基础办公工具开始，到深度学习职业技能、对话行业大牛，再到了解当下行业发展热点、培

养战略眼光，定制化的内部培训一直陪伴着波克城市的员工。

2. 氛围层面，打造多彩的工作环境

波克城市致力于构建一个打破层级的多维度沟通体系，通过线上线下的多种活动形式，促进不同部门间管理者与员工的双向交流，让员工更有参与感、获得感。波克城市还从"医食住行"各个方面为大家提供福利保障，让员工可以安心工作，放心生活。除此之外，大家还可以体验到丰富多彩的节日活动

波克城市中秋集市

与多元有趣的文化社团。波克城市内部有 50 多名员工自发组成的各类兴趣社团与小组，涵盖运动、游戏、艺术和各种小众文化领域。

波克城市的企业文化已成为企业和员工间不可打破的文化联结，也成为波克城市在发展中的一种重要的推动力量，帮助企业应对市场的不断变化、多次成功转型，实现业务的持续发展，并帮助企业和员工共同提高社会责任意识，为社会创造更多价值。

（二）数实融合，"游戏 +"战略独树一帜

波克城市清楚地知道：企业的每一步发展，既是企业全体员工努力的结果，更离不开广大用户的支持和国家政策的扶持，公司怀着感恩之心，更好地服务用户和社会。2020 年，波克城市在行业内首提"游戏 +"战略，目前已在科普、医疗、公益、传统文化、艺术、乡村振兴、体育、教育等领域进行布局。

1. "游戏 + 科普"的深度布局

"游戏 + 科普"是波克城市在"游戏 +"战略下最早的探索方向，已

推出多款议题丰富的科普小程序。自2021年起，波克城市携手新华网共同打造《我是航天员》主题科普IP，通过公益游戏、App游戏、科普临展和文创周边等丰富的形式，以游戏化、数字化独特的互动性、娱乐性和信息化特质，助力航天知识更生动、有趣、高效地传播，积极弘扬中国航天精神。2023年9月，该科普IP下同名手游《我是航天员》正式上线，由波克城市与新华网联合发行，上海天文馆为特别合作伙伴。各年龄层玩家都能在游戏中通

《我是航天员》宣传图

过多样化形式学习到趣味航天科普知识、感受中国航天精神。

2. "游戏+医疗"的行业突破

2021年，波克城市正式提出"游戏化数字疗法"战略，始终遵循"疗效第一"的原则，积极发挥游戏化机制的优势，深度融合"游戏+医疗"的专业力量，专注于探索游戏化数字疗法的无限可能。截至目前，波克城市旗下儿童斜弱视康复训练产品《快乐视界星球·视觉训练系统》、缓和患者轻度认知障碍（MCI）发展过程的产品《定制式链接记忆》均已取得二类医疗器械注册证。其中，《快乐视界星球·视觉训练系统》是游戏行业首款获得国家药品监督管理局资格认证的游戏化AI医疗软件。作为游戏化数字医疗的先行者，波克城市已搭建起国内首支涵盖医疗专家和资深游戏研发者的复合型人才团队，目前已涉足眼科、认知学科、康复学科、妇产科、内分泌科等领域。

3. "游戏+艺术"的全新文化影响力

预计2025年，波克城市联合国际知名建筑大师安藤忠雄打造的"波

克中心"将在苏河左岸落成，该项目前已被列入普陀区"十四五"规划，将为上海普陀区新添一座文化地标。波克中心的裙楼即为"波克艺术中心"，这也是波克城市在"游戏＋艺术"的战略方向下规划的国内首个游戏主题艺术中心。

4."游戏＋传统文化"的多样化实践

以游戏助力传统文化的数字化再生，也是波克城市在"游戏＋"战略下的重点探索之一。旗下中华美食题材的手游《爆炒江湖》即借助积淀深厚的中国美食文化，在版本内容和运营活动的打造上充分融合了中国传统文化元素，帮助文化遗产实现数字化保护。在游戏的日常版本运营中，融入了油布伞、羌绣、羌笛等非物质文化遗产；并先后与敦煌、故宫、《千里江山图》等传统文化 IP 进行合作，推出了多个文化联动版本。

（三）务实创新，践行企业社会责任

1. 推出"波 KE 堂"品牌，赋能行业前沿人才建设

近年来，国家深化技能人才培养体制机制改革，加快构建"产教训"融合、"政企社"协同、"育选用"贯通的技能人才培育体系。波克城市积极响应企业自主评价、职业技能评价政策倡导，紧扣行业需求，于2021 年推出"波 KE 堂"教育品牌，为进一步赋能游戏行业人才建设，畅通游戏从业者技能提升提供发展通道。2021 年 11 月获批为上海市社会化职业技能等级认定机构，2022 年正式开展上海市动画制作员项目社会化职业技能等级认定，并发起职业技能竞赛活动，填补了网络游戏行业长期没有直接对口证书的空白。作为上海市唯一一家有动画制作员职业认定资格的社会培训评价组织，已开展了 60 批次的认定考试，发证 523人次。

2. 成立波克公益基金，提升青少年游戏素养

波克城市坚持通过公益行为践行企业社会责任，并于 2019 年发起成立了上海波克公益基金会，围绕未成年人保护、应急救灾、乡村振兴三

"游戏素养计划"线下工坊

大核心业务开展各类公益项目，累计帮扶超7.5万人，支持近600场公益活动，公益足迹遍布全国16个省，累计捐款捐物超5500万元。

为帮助更多家庭切实解决因游戏带来的教育困扰与家庭问题，2021年底波克公益发起"游戏素养计划"公益项目，帮助青少年通过参与游戏设计，认识游戏本质，形成正确的游戏观。从2021年起，波克公益基金会组织志愿者团队进入社区，和心理专家、教育专家、资深游戏制作人一起，开展多场工作坊与分享活动，服务青少年和家长、老师、社区工作者们，帮助大家建立对游戏的正确认知，普及游戏正向价值。截至目前，该项目已培训超过150位青少年社工成为游戏素养引导师，并成功走进14个城市的学校和社区开展了80余场线下工坊活动。同时，该计划已制作11节游戏素养系列科普视频，累计播放量破百万。

3. 发起成立上海正向数字化技术研究院，共探游戏多元价值

2021年，波克城市作为主要参与单位之一和行业内外的伙伴共同发起成立了上海正向数字化技术研究院，为上海市科学技术协会旗下的市级民非单位，研究院下设立 Game for Good 跨界开放平台（G4G），旨在探索游戏多元价值。2023年，G4G 正式发布"游戏＋"赋能计划，同时

面向上下游伙伴开放招募，匹配需求、链接资源，旨在赋能扶持行业内外有需求、有想法探索"游戏+"的机构、团队与个人，促进跨领域合作和游戏行业新业态的发展。目前，G4G 案例库作品已超过 20 款。

供稿：郭师玮

引领青年发展，肩负企业责任

（得物 App）

一、组织简介

上海识装信息科技有限公司（以下简称"得物"）成立于 2015 年，属于互联网行业民营企业，是得物 App 的运营主体。在美、法、日等 9 国 33 个城市设立办公机构。2023 年进入胡润全球独角兽榜价值增长全球前 10 名，年度跨境进口交易额排名全国前七。

经过 9 年的发展，得物已成为年轻人最喜爱的正品电商平台，在行业首创"先鉴别、后发货"服务模式，确保消费者买到的都是全新正品，满足年轻人对品质生活、潮流文化的追求。得物注册用户中有 90% 是"90 后"，78% 是"95 后"。

得物是上海市高新技术企业、上海市企业技术中心。近三年投入研发费用数十亿，将大数据、人工智能、增强现实等前沿技术的最新发展，不断应用于真实业务场景，成为工信部"工业互联网＋大模型"六家试点示范单位之一，相继获得 2023 年上海企业百强、上海市文化企业十强、上海服务业百强、上海市质量标杆、2022 年度虹口区区长质量奖金奖等荣誉称号。

二、理念系统

使命：满足年轻人对美好生活的向往。

愿景：打造全球年轻人喜爱的品质生活方式平台。

价值观：求真、向前一步、拥抱变化。

三、实践做法

（一）全员共创、机制保障，塑造平等进取的青年文化

得物 90 后员工占比达 82%，年轻、多元、平等是组织最鲜明的特点。得物的青年员工们对自己的精神气质也有独特的共识和追求：阳光、个性、专业、全情投入、低调务实。在公司内，各层级员工之间直接称呼昵称，不倡导使用敬语，平等的组织文化显著提升了得物内部的活力和凝聚力。

2019 年下半年，公司管理层预见到业务即将迎来快速增长，如何在团队快速扩张过程中避免组织臃肿、效率降低，维持创业初期的凝聚力、战斗力，得物迫切需要明确共同的发展目标、行为底线和组织准则。为了更好反映员工真正的心声，得物采取自下而上的方式，发动全体员工提报，最终从一百多个关键词中，明确将"求真、向前一步、拥抱变化"作为公司核心价值观。

得物全面推动企业文化落地。创办《微报》，每年推出 200 余期文化海报，在工区张贴宣传。领导带头宣讲，通过半年一次的"CEO 直播间"，向全员汇报公司发展战略、业务进展、文化要求等。每年年底，得物都会组织各部门进行价值观标杆案例和事迹评选，对于优秀个人和典型事迹，由 CEO 亲自颁发奖励。各部门在每季度绩效考评时，都将价值观作为重要考量维度。公司为青年员工带来不同形式的暖心关怀和仪式感，每年 4 次精心定制具有得物属性的节庆礼盒——新年礼盒、女生节礼盒、端午礼盒、中秋礼盒，每年策划举办不同类型的员工关怀线下活动，如女生节活动、程序员关爱活动、司庆日活动等，给予员工全方位的关怀与激励。

公司鼓励员工依个人特长爱好自发创建俱乐部，提倡创建"强身健

组织社团活动，丰富青年文化生活

体型"和"思维碰撞型"俱乐部。目前，得物共组建了8个官方俱乐部：篮球、足球、羽毛球、乒乓球、脱口秀、桌游、读书、摄影。各俱乐部定期举办日常活动，同时阶段性策划开展不同主题的赛事专项活动等，丰富了员工的业余生活，增进了跨部门沟通交流，营造了积极健康活动的企业内部文化氛围。

（二）"求真"精神引领业务创新，构筑核心竞争力

得物将"求真"的组织理念融于业务工作之中，将价值追求渗透于社会服务中。得物在创立之初是一个潮流文化社区，随着业务发展，得物逐渐看到年轻消费者渴望有品质、有设计的时尚消费品，但他们很难在传统电商平台买到最新、最潮的商品，有时候买到还是假的。得物希望超越传统电商，更好满足年轻人对正品的需求，开创了"先鉴别、后发货"这种全新的商业模式，由得物通过查验鉴别确定商品的新品、正品属性后，再发货给消费者，重塑了电商交易履约的逻辑，破解传统电商平台上假冒伪劣泛滥的难题，也奠定了得物"求真"的文化底色。

"求真"精神在得物战略的关键节点发挥了决定性作用。商品查验鉴别是电商中最为艰难的一条路。对海量商品进行查验鉴别，这在当时，即便是资本雄厚的电商巨头们都不敢尝试的、风险极大的路径。在不确定

性面前，管理层决定：得物卖的货必须是正品好货，必须坚持"不伪、不劣、不LOW"的标准，查验鉴别必须下笨功夫。行胜于言。自2017年开始，得物持续投入巨大的人力物力，深耕商品查验鉴别技术和基础设施建设，将商品供应、查验鉴别、物流环节整合，形成了百万平方米的智慧供应链集群，打造了全球最大的人工智能商品查验鉴别基地，整合业界前沿算法，自建机器学习平台，实现智能化的商品查验鉴别。同时，得物建立了目前全国唯一专门服务鉴别业务的CNAS（中国合格评定国家认可委员会）、CMA（检验检测机构资质认定标志）双认证实验室。得物对商品品质的坚持，得到了国家及地方市监、经信部门、各级消协的充分肯定，荣获上海市质量标杆称号，成为首家获此殊荣的互联网企业。

得物《微报》价值观宣导

一路走来，得物坚持不走捷径、脚踏实地，在中国数以亿计年轻人中塑造了不可替代的品牌形象，构建了核心竞争力，在时尚消费品市场中创造了差异化价值。

（三）引导青年表达文化自信，推动传统文化创新发展

得物对文化的关注，不仅在于组织内部，通过网络平台，得物对年轻消费者也产生着真实的文化影响。中国文化历来推崇"收百世之阙文，

采千载之遗韵"，得物始终相信，优秀传统文化不能只陈列在博物馆中，需要让年轻人真心喜欢、乐于传播，才能保持文化的活力。在青年群体中传承好中华优秀传统文化，积极引导新时代青年树立和表达文化自信，提升中华文明的影响力和感召力，始终是得物的追求。

得物社区是国内最大的在线潮流文化社区，其中一系列基于个体表达、从民间涌现的热爱，让人们清晰地看到这条"命脉"的传承赓续与青春态的新颖表达。得物聚集了大量国潮国风爱好者，一批展现中国传统文化的"国风视频"不断涌现，这些作品并非是对传统文化的简单模仿，而是融入了独特的青年表达与丰富的现代元素的文化创作。2020年起，得物每年举办得物国潮设计大赛、得物国潮日、得物创作者大会等线上、线下活动，引导年轻人热爱国潮文化、传播国潮文化，助推国潮品牌做大做强；让年轻人不仅把"国潮"当作爱好，更可以当作一种事业。

2023年，得物携手中国美术学院，联合织造司等国潮品牌共同举办第四届国潮设计大赛，共收到国内优秀青年设计师及得物用户的作品3000余件，中国美术学院5位专家评选出15件优秀作品，多件优秀设计作品投入生产销售。四届国潮设计大赛，累计在线上线下参与活动的用户超过5000万人。

（四）打造青年"强磁场"，构筑企业"红引擎"

得物高度重视党团建工作，是上海市七家互联网企业党委之一。针对青年员工年轻、思想活跃、认知开放的特点，得物党委用活用足红色资源，打造"最潮流党建"品牌。推出"潮人研习社"，依托企业培训平台设立线上思政学习教育课堂，形成比学赶超浓厚氛围；组建"青春宣讲团"，每月选取红色地标，以年轻人喜闻乐见的形式，讲好党的故事，宣传党的理论。推出"红色剧本杀"，通过革命人物演绎、历史场景模拟等沉浸式剧本体验，带领青年人与革命先辈"隔空对话"，推动学习教育既入脑、又走心。

得物党委"寻找《共产党宣言》"沉浸式剧场

同时，得物开展党员回家计划，推动一批"口袋党员""隐形党员"在得物安家落户。在得物党委号召下，"党员亮身份、工作亮业绩、服务亮承诺"在得物成为新风尚。全体党员自觉佩戴党员徽章，在办公桌显要位置亮出定制的党员身份牌，公司还为党员设计了配有党徽和"永远跟党走"字样的线上办公软件头像框。坚持"双向进入、交叉任职"，由5名企业高层管理人员组成党委班子，坚持把党员培养成骨干，把骨干培养成党员，全面参与公司经营管理，确保公司发展方向和重大决策与党的方针政策始终保持高度一致。党员榜样的力量凝聚了更多青年员工，带动一大批青年职工在思想上追求进步。

（五）服务利益相关方，践行社会责任

近年来，得物在环境、社会、企业治理方面的工作扎实推进，明确了得物在社会环境中需要承担的责任与义务，将多项社会责任理念落实到了具体的业务运营中。

得物珍惜用户和社会提出的每一个问题，运用 AIGC、AR 等技术提升用户的科技体验；在消费者保护、内容安全、数据安全等方面建立健全合规体系，合规水平始终走在前列；服务行业标准发展，携手中国质量检验协会、中检集团、国检中心等，发布国内首个"鞋类鉴别团体标准"、首个"化妆品鉴别团体标准"、首个"钟表鉴定团体标准"；关注员

工权益和职业健康，开展多门类员工培训，促进员工共同成长；积极响应国家政策要求，致力于改善自身能源使用效率，协同产业链上下游共同推进节能减排，在绿色运营、绿色办公、绿色物流、绿色包装等方面不断创新，倡导可持续时尚。2022—2023年，得物企业社会责任报告连续荣获"工信千家优秀企业社会责任报告"AA级评价，并荣获联合国可持续发展目标绿色生活引领杰出贡献企业称号。

得物倡导全体员工参与公益。2023年，得物团委与团中央光华科技基金会签署协议，为留守儿童捐赠了两座"童心港湾"，并捐赠价值1000万元物资。得物与"中国红十字基金会"开展多次合作，进行灾难救助和公益援助。2020年疫情期间，得物第一时间成立"得物抗击新冠肺炎专项援助基金"，先后采购数批医疗物资运抵湖北。2022年，得物号召近万名青年员工成为志愿者，在社区协助组织核酸检测、物资配送等，解决群众急难愁盼问题。同时，得物为困难的商户提供众多扶持政策，惠及企业数约5万家。此外，得物向礼县雷王乡捐赠资金，用于乡村振兴示范项目建设；与中国红十字会一同为偏远地区的贫困学生提供教育资源和经济资助，向井冈山等地区捐赠教学物资、篮球场设施等，为四川凉山嘎勒小学的"背篓篮球队"少年捐赠"极光蓝"球场和体育装备。

供稿：得物

乐聚可持续游戏力，承担文化传播使命

（恺英网络）

一、组织简介

恺英网络股份有限公司（股票代码 SZ.002517）是知名互联网游戏上市公司，旗下第一家子公司成立于 2008 年。公司在职员工近 2000 人。2022 年实现营业收入 37.26 亿元，实现净利润 10.25 亿元；2023 年前三季度，公司实现营业收入 30.29 亿元，归母净利润 10.82 亿元，全年预计盈利 17 亿元，同比增长 65.83%。

围绕游戏主营业务，公司在国内外布局"研发、发行、投资 +IP"三大业务板块，打造了《蓝月传奇》《天使之战》《仙剑奇侠传》《敢达争锋对决》等多个优秀游戏产品。同时，公司积极探索传统文化文创 IP、AR/VR、AIGC、元宇宙等新兴产业，全方位持续增强公司主业竞争力，同步强化企业文化建设，打造核心竞争力。

近年来，公司深耕数字文化产业，影响力稳步提升，取得诸多荣誉：2023 十佳全球化游戏发行商、2023 中国互联网综合实力百强、2023 全国文化元宇宙先锋机构、2023 十大华夏公益影响力企业、2022 十佳亚太游戏发行商、2022 长三角百家品牌软件企业，五次入选国家文化出口重点企业。

二、理念系统

使命：让快乐无处不在（恺英网络致力于通过努力和创造，不断打造精品文化娱乐产品，让快乐遍及世界的每一个角落、每一刻时光）。

愿景：担当文化产业引领者，持续创造让用户快乐的产品和服务，继续加大在数字强国、网络强国方面的投入，加速推动文化产业高质量发展。

核心价值观：High起来（富有激情、勇于挑战、突破自我），开放透明（思维开放、坦诚透明、锐意创新），价值导向（用户导向、结果导向、全局意识），职业精神（保持正直、乐于合作、专业高效）。

经营理念：乐聚可持续游戏力之"K行动"（以"悦玩：可持续业务"作为起点，助力"共生：可持续温度"，传递"增益：可持续守护"的正向力量，系统推进可持续发展战略，创造可持续价值）。

三、实践做法

（一）关注员工成长，构建卓越企业文化

公司高度重视队伍建设，坚持用企业的文化价值理念引领队伍，聚力凝心，以坚实的团队力推动公司发展。

1. 文化铸魂，思想引领

恺英网络始终坚守文化之魂，以积极向上的企业文化氛围为基石，致力于构建员工共同认同的价值体系。公司内部通过员工表决审议发布了多项管理制度，明确员工的行为准则和道德规范，旨在强化员工对公司价值观的认同，促进员工之间的和谐关系，提高整体团队的合作效率。

公司举办高质量的宣讲活动，让员工在交流中深化对恺英文化的热爱与归属感。组织了"学习新思想　争做好青年"新青年微宣讲活动，邀请专家宣讲"中华民族文化主体性的时代呈现"，引导青年结合自身工作畅谈学习的感悟，就新时代游戏如何助力中华文化传播、数字赋能与技术创新如何融入文化引领等议题展开了热烈的讨论，深化了员工对中华民族文化的理解，更为恺英网络的未来发展提供了有力的思想支撑。

2. 多元培养，文化同心

公司完善新员工入职培训体系，定期组织培训会，通过宣讲、问答、

互动小游戏等方式，让新员工深入了解恺英文化、成长体系以及相关的制度，帮助他们快速融入公司文化。还设立了由员工自发组织的俱乐部，包括足球、羽毛球、篮球等体育活动，以及手工艺、电竞等兴趣小组，让员工在业余时间能够找到同好，增进了解，丰富业余生活。这些活动不仅增强了员工之间的凝聚力，也提高了员工的归属感和满意度。

正是基于这样的企业文化，恺英网络不仅培养新员工的专业技能，更注重传统文化的熏陶和员工的多元化发展，对文化建设的重视也延伸到了公司的业务研讨和创新活动中。2023 年 9 月，恺英网络旗下"岁时令"IP 项目在上海驻地召开研讨会。本次讨论会以"岁时宇宙·元创未来"为主题，围绕"为内容凝聚力量，传统文化迸发生机"这一讨论目标，邀请学术界、产业界和公益组织，与公司员工共同交流讨论，分享品牌跨界合作案例，探索元宇宙与 IP 的合作模式，在公司内部推广、深化传统文化知识，加强传统文化与现代产业的创新融合，促进中国传统节日节气的传承、创新表达和产业应用。

3. 关怀无界，温情满满

恺英网络提倡文化"High 起来"，让员工在恺英做主角，发挥员工积极性。公司为全员提供交通补贴、带薪年假、商业保险、健康体检、免费早晚餐等常规福利，更有节日大礼包、生日礼物等惊喜：每年春节，恺英网络的开年红包都会由公司管理层亲自发到员工手中，共享新年之乐，共盼来年之喜；每年 3 月 8 日女神节以及母亲节、儿童节、元宵节、端午节时，员工将收到公司为大家精心准备的融入恺英元素、带有中华传统特色的节日礼物，并有丰富文化活动促进大家交流分享。此外，公司还注重员工的精神文化生活，每年出版内刊《恺英人》，回顾公司过去一年在主营业务、企业文化、社会公益建设方面的重要节点，表彰优秀员工，并设置员工投稿专区，鼓励员工多元自在表达自我。

（二）体现公司价值，开展"K 行动"计划

恺英网络在"可持续业务、可持续温度和可持续守护"三个维度上

恺英网络 2023—2025 年可持续发展规划暨"K 行动"图解

积极履行社会责任，融合传统文化，输出优质内容，服务社会大众，体现公益精神。

1. 文韵长流，绘就数字华章

恺英网络坚持以社会主义核心价值观为引领，实现社会效益和经济效益相统一，在游戏场景和剧情语言构建中弘扬正能量。公司研发的中华传统节日节气拟人 IP"岁时令"重点解读了 17 个中国传统节日和 24 节气的由来、习俗、相关传说和诗歌，荣获国家社科基金重大课题项目支持，已开展绘本、漫画、动画、小说、虚拟人物、数字藏品、游戏等产品研发。公司研发的中华传统手工艺题材 IP"百工灵"，将古法制香、藤编、竹编、造纸等 30 多个入选"非遗名录"的传统手工艺项目融入跌宕起伏的故事情节，进行中华传统手工艺知识推广，并与中国美院开展横向研究课题，对非遗手工艺传承人开展走访调研、纪录片采访拍摄等工作，进行非遗手工艺纪录片的公益性传播。该项目已开展漫画、动画、小说、文创衍生品、游戏等产品研发。

2. 碧水青天，编织生态锦绣

公司积极响应国家建设"双碳"目标，加强环境、社会与公司治理（ESG）理念宣贯，持续践行绿色办公。公司发起了一系列倡导型公益活动，发动员工一起参与环保行动，加强节能减排、废弃物处理的管理，倡导无纸化办公，以减少经营过程中的能源消耗与碳排放，为实现国家2035"双碳"目标贡献自己一份力。

2022年8月，恺英网络与曲麻莱县团委联合开展"探访黄河源头 共护一江清水"环保主题活动；2022年9月9日，恺英网络启动"恺英公益林"环保公益项目，最终支持SEE基金会在内蒙古阿拉善盟荒漠区域种植一万棵梭梭，建立"恺英林"，推动防风固沙，保护黄河流域生态环境。2023年2月，恺英网络携手SEE基金会、阿拉善SEE东海项目中心，支持"守护东滩护鸟飞"项目，开展上海崇明东滩滨海湿地及鸟类保护工作，助力上海崇明东滩世界自然遗产申报工作。2023年4月，恺英网络在世界地球日发起"让地球微笑 让万物呼吸"主题公益徒步活动，吸引公司150余名干部员工参加，倡导绿色环保生活。2023年10月，恺英网络实地考察新疆五团沙河镇苹果示范园，并认种100棵苹果树，旨在巩固乡村振兴成果，维护生态发展。

3. 守望相助，情暖人间烟火

公司志愿者与当地学生合影

"恺心乡村云助学"志愿服务项目是恺英网络为欠发达地区乡村儿童全面发展所创立的教育公益行动。自2020年起，志愿者每年奔赴青海省玉树藏族自治州下多个县，对资助帮扶的七所学校、超六千名藏

恺英网络驰援各地突发事件

族学生开展走访捐赠活动，为云助学的师生送去文具套装等学习生活物资总计超过 30935 件套，爱心医疗包 3595 件，各类课外读物 4410 本。2020—2023 年，志愿者为资助帮扶的 7 所藏族学校开展 134 课时、5360 分钟的素养教育在线课程，近 500 名藏族学生直接受益，影响超 6500 名师生。

新冠肺炎疫情期间，恺英网络累计向湖北多地捐赠价值 300 万元的医用防护口罩、护目镜等防疫物资；向江西上饶疫情指挥中心捐赠 2 万个 N95 医用口罩，3000 套防护服、护目镜及冲锋衣等当地急需物资。组织开展"抗击疫情，捐款助力"募捐活动，员工自发募捐了 15.63 万元，恺英青年志愿者们投身各自社区"战疫"，累计服务超过 110 次，累计志愿服务时长超过 350 小时。

2022 年"9.5 四川泸定地震"发生后，恺英网络调拨资金 100 万元，向甘孜州泸定县、海螺沟县及雅安市石棉县定向捐赠 5462 件（套）应急救援物资及 1000 箱食品。2023 年 12 月 18 日，甘肃临夏州积石山县发生 6.2 级地震，恺英网络向深圳壹基金公益基金会捐赠 50 万元，为受灾群众提供急需物资用品驰援甘肃地震受灾地区，与受灾群众共渡难关。

（三）发挥社会责任，共建网络清朗空间

恺英网络作为一家具有社会责任感的企业，深知网络清朗空间对于社会和谐、青少年健康成长以及企业可持续发展的重要性。恺英网络始终坚持将此作为公司发展的重要任务之一，积极推动网络环境的净化和优化，强化网络空间的文明建设。

1. 完善审核机制，守住网络阵地

恺英网络建立了严格的内容审核机制，对所有上线的游戏、应用及用户生成内容进行严格把关。公司设立了专业的技术团队和审核团队，采用人工智能与人工审核相结合的方式，确保内容符合法律法规和社会道德规范。为了方便用户及时举报不良内容，公司还建立了完善的用户举报系统。用户可以通过该系统对违规内容进行举报，客服团队将在第一时间进行处理。同时，公司还鼓励用户积极参与网络监督，共同维护网络清朗空间。恺英网络积极配合政府部门，共同打击网络违法犯罪行为。公司与公安、网信等部门建立了良好的沟通机制，及时报告和协助处理网络违法事件。积极参加由上海市通信管理局联合属地网信、经信、公安、教育部门共同主办的 2023 年"磐石行动"，获得"磐石行动"卓越应急奖。

2. 关注青少年，和谐网络环境

恺英网络高度重视行业自律，坚持在经营活动中提供健康绿色的网络文化产品和信息内容服务，为未成年人营造晴朗的网络环境，并不断完善自身的未成年人保护机制建设，升级完善防沉迷系统，守护未成年人的健康成长。

公司以守护未成年人成长为己任，旗下游戏产品已全部录入"网络游戏防沉迷实名认证系统"；公司积极开展"游戏适龄提示"建设，旗下所有游戏产品均已添加游戏适龄提示，帮助青少年远离不良内容，引导未成年人健康参与游戏；公司针对未成年人家长开发监护工程系统，加强家长对未成年人参与网络游戏的监护，引导未成年人健康、绿色参与网络游戏。

供稿：袁若熙

担负新时代文化使命　让好故事生生不息

（阅文集团）

一、组织简介

阅文集团成立于 2015 年 3 月，于 2017 年在香港上市，是一家以数字阅读为基础，IP 培育与开发为核心的综合性文化产业集团。阅文集团总部位于上海，2023 年总营收 70.12 亿元。

阅文集团旗下囊括 QQ 阅读、起点中文网、新丽传媒等业界知名品牌，汇聚了强大的创作者阵营、丰富的作品储备，覆盖 200 多种内容品类，触达数亿用户，已成功输出《庆余年》《赘婿》《鬼吹灯》《全职高手》《斗罗大陆》《琅琊榜》等网文 IP 及多种形式的改编作品，覆盖有声读物、动漫、影视、游戏、商品化等多种业务形态。

阅文集团坚守精品化创作方向，引领行业的高质量，累计 144 部作品入藏国家图书馆、10 部作品入藏中国国家版本馆、16 部作品入藏大英图书馆，获得中国版权金奖、中国出版政府奖·先进出版单位、全国版权示范单位等多个国家级荣誉奖项，入选"全国文化企业 30 强"提名企业、"上海文化企业十强"，在省级以上评奖和评选中获奖或提名作品数超 700 部（次）。

二、理念系统

使命：让好故事生生不息。

愿景：为创作者打造最有价值的 IP 生态链，成为全球顶尖的文化产业集团核心价值观（行为准则）：爱内容，以创作者为本；有激情，永远热血沸腾；去本位，大脑袋大胸怀；守正直，内自省外坦诚；勇担当，此刻舍我其谁；敢创新，开放包容坚持；铸精品，挑战专业极致；打胜仗，战机稍纵即逝。

三、实践做法

（一）开网络文学之先河，让好故事生生不息

1. 掀开中国网络文学产业化篇章。阅文集团肇始于 2002 年成立并首开中国网络文学之先河的国民品牌"起点中文网"，以推动中国原创文学事业为宗旨，长期致力于原创文学作者的挖掘与培养。2003 年 10 月，起点中文网开启"在线收费阅读"服务，成为真正意义上的网络文学盈利模式的先锋之一，就此奠定了原创文学的行业基础。此后，阅文集团开创了白金大神作家体系等制度机制，建立了单本可选合同和编辑分组制度，创立了起点创作学堂来服务作家专业成长，逐步将阅文打造成为作家服务型、连结型平台，吸引了上千万网文作家的进驻。尤为可喜的是，2023 作家指数 TOP500 中，"95 后""00 后"作家占近三成；2023 年新晋"白金大神"中，"90 后""95 后"占比 60%，年轻作家的蓬勃涌现，为阅文集团不断迈向未来提供了源源活水。如今，中国网络文学已经是与美国好莱坞电影、日本动漫、韩国电视

阅文集团 2023 年会活动

剧并称的世界四大文化现象之一，看网文、写网文已经成为许多国内外青年的重要文娱生活方式。

2. 探索网络文学 IP 全链路开发之路。成熟的 IP 产业能够通过整合优势资源实现 IP 精准开发，从而显著提高成功率，并能推动文化行业提质增效。为打造基于中国网文优势、具有中国文化属性、符合中国市场特点的"IP 生态链"，阅文集团提出了"大阅文"战略规划：一是激活创作者，挖掘、培育和助力更多 IP 产业中的创作者（包括作家、漫画家、导演、编剧等）；二是强化 IP 运营能力，通过加强中台建设、联合决策、委员会等方式推进 IP"先规划、再开发"；三是构建视觉化能力，以动漫、影视为突破口放大 IP 影响力，并布局 IP 商品化和线下消费业态。经此战略升级，《庆余年》《全职高手》等阅文多个 IP 通过动漫、影视等形式触达至更广阔的群体，并形成对原著小说的反哺效应，与此同时还在消费品、潮流玩具和线下实景消费等领域展开布局，令 IP 价值得以进一步释放。

3. 夯实集团内部文化价值观建设。一是用制度牵引行动，把文化建设"固化下来"。在招聘阶段，根据新文化改进面试评价标准；在试用期考评阶段，增加文化价值观；在绩效考核阶段，要求优秀员工评价增加价值观维度与价值观案例故事；在管理晋升阶段，增加上级价值观评价，强化 360 调研，并进行公示。二是以案例感染人心，让文化建设"活泼起来"开展"阅读的夏天"活动，评选最可爱的阅文人；开发文化培训课，推出阅文群侠传之文化火炬手专访；推出阅文好故事年刊，记录彰显公司文化的员工故事和项目团队故事 20 篇，并在公司在线书城上线。三是将文化载体升级，让文化建设"面向未来"。融入年轻人喜爱元素持续设计更新文化价值观海报，张贴于各个办公地的正式或非正式场所；结合流行 IP 推出可爱的文化相关周边衍生品，对践行文化的优秀员工及时给以正向反馈；在员工沟通社区上线"文化食堂"板块，传达公司策略及文化导向，设置专题鼓励引导员工自由发声，以及探讨业务知识、沉淀思考成果。

（二）不忘初心使命，谱文化自信之华章

1. 大力弘扬中华优秀传统文化。阅文集团与恭王府博物馆合作启动"中华优秀传统文化推广三年计划"，通过共建文学创作基地、举办国风作品研讨会、组织传统文化征文大赛、开发系列文创产品等多种形式，把以非遗为代表的优秀传统文化融入数字文化产业，让中华优秀传统文化借由网络文学等新的载体，在新时代赓续传承，绽放光彩。首届"创作大赛"以"阅见非遗"为主题，共收获网文作家创作的作品六万多部，涉及京剧、木雕、造纸技艺、狮舞等127个非遗项目。阅文集团连续三年举办传承民族文化网络文学创作研讨会暨石榴杯征文大赛，历届石榴杯获奖作品中已有超八成授权IP开发，包括出版、有声读物、动漫、影视、周边衍生品等多种形式，开辟了根植传统、立足时代、面向世界打造新时代民族文化IP的新模式。

2. 拥抱AIGC探索IP生态新边疆。基于对网文作家在写作过程中普遍面临的痛点，阅文集团于2023年7月发布国内第一个网文垂域大模型——阅文妙笔大模型，同时面向作家推出基于大模型的应用产品——作家助手妙笔版。基于阅文妙笔，通过提供灵感、补充细节等方式，帮

2022年浦东俊秀中心活动照片

助作家丰富世界观设定、丰富打斗和景物描写、丰富角色设定，以及生成角色形象图，为每位网文作家配备专业团队，打造出懂内容、懂创作、懂"梗"、懂作家、懂角色、懂 IP 的高效创作工具，受到网文作家群体的高度认可。以此为契机，阅文完成了新一轮业务升级，聚焦打造 AIGC 赋能原创的多模态多品类内容大平台，构建新的 IP 上下游一体化生态体系。

3. 高举网络文学知识产权保护大旗。阅文集团自成立以来就高度重视版权保护工作。2017 年，阅文集团主导的多起打击侵权案件入选当年"中国法院十大知识产权案例"和"全国打击侵权盗版十大案例"；2018 年，进一步完善监测处置机制，全年举报下架侵权盗版链接近 800 万条，处置侵权盗版 App 及各类盗版衍生品 2300 余款；2022 年，首次提出将版权保护提升至公司战略高度，上线 200 多个技术策略去守住最新章节，自主研发反盗技术体系成功实现了 1.5 亿次拦截盗版访问，同时拿到了网络文学行业历史上第一个诉前禁令，获得了里程碑式突破。经过持续努力，一年间精准打击有效盗版线索 62.5 万条，30 日内新增用户中由盗版转化而来的用户占比达到 40%；作品单章最长防护时长从 48 小时提升到 7 天，为作家打开了更大的收入空间。

（三）以人民为中心，铸新时代精品佳作

1. 与时俱进引领网文行业迈上新程。二十多年来，网络文学伴随着的社会发展和审美演进不断地丰富题材、创新形式、提升质量，从《诛仙》《鬼吹灯》《凡人修仙传》，到《全职高手》《诡秘之主》《大奉打更人》，阅文旗下平台已积累超 1670 万部网文，构建出了打动几代人的 IP 宇宙。如今，阅文正带领广大网络文学作者更突出地将中华优秀传统文化融入历史、现实、科幻等多元题材，践行中华优秀传统文化创造性转化和创新性发展，探索"第二个结合"有效路径，持续推动传统文化融入多元题材。从 2015 年起，连续举办八届现实题材网络文学征文大赛，参赛作品数量和质量连创历史新高，鼓励数十万来自各行各业的作家以网络文

2023年罗山军休所书香军休活动

学为载体，通过敏锐的洞察力和文学性的表达来塑造鲜活生动的好故事，呈现丰富多彩的当代生活和社会风貌。

2. 推出高口碑影视作品温暖人心。2018年，阅文集团全资收购新丽传媒。截至目前，新丽传媒已投资制作40余部电影，票房累计近400亿元，如《这个杀手不太冷静》《你好，李焕英》《西虹市首富》《夏洛特烦恼》《热辣滚烫》等票房均超过10亿。2021年，由中宣部电影局、上海市委宣传部指导，献礼建党百年的影片《1921》，得到了广大人民群众和业界的高度好评。剧集方面，新丽制作播出了《人世间》《庆余年》《赘婿》《我的前半生》《白鹿原》《父母爱情》等五十余部、两千余集电视剧及网络剧。这其中，《人世间》在2022年春节开播以来，受到各个年龄层观众的喜爱，创下央视一套黄金档近8年收视新高，荣获中央宣传部第十六届精神文明建设"五个一工程"奖和第28届上海电视节白玉兰奖最佳中国电视剧等5项大奖。

3. 鼓动中国网文出海扬帆远航。作为网文出海的先行者，阅文集团于2017年5月上线了海外门户起点国际（WebNovel），成为国内互联网公司在海外率先实行付费阅读的正版文学平台。截至目前，阅文已向海外用户提供了约3800部中国网文的翻译作品，在全球200多个国家和地区传播，累计海外访问用户约2.3亿。阅文还培养了约41万名海外作家，推出约62万部当地原创作品，把中华文化、中国精神通过中国网络文学的创作模式和产业模式推向世界各地，让网络文学真正成为全世界范围内极具时代意义的内容产品和文化现象，为在新时代讲好中国故事、增强中华文明传播力影响力打造了新的样板。

供稿：徐斓、王晨、冯帅

讲好新时代中国故事，倾力打造时代精品

（故事会）

一、组织简介

上海故事会文化传媒有限公司成立于 2006 年 4 月，是上海世纪出版集团旗下一家以期刊、图书、融媒体三位一体、综合发展的新型文化出版机构，公司下辖《故事会》《旅游天地》《金色年代》《漫画会》等期刊。公司为中国微型小说学会、上海故事家协会会长单位。

《故事会》杂志创刊于 1963 年，在连续三次荣获"国家期刊奖"的基础上，2010 年获中国政府出版奖·期刊提名奖，2013 年获中国政府出版奖·期刊奖。2015 年、2017 年，《故事会》被国家新闻出版广电总局评为"全国百强报刊"。2018 年，《故事会》获评第九届向全国少年儿童推荐百种优秀报刊。2015 年、2018 年、2021 年、2022 年、2023 年，连续 5 年进入"中国邮政发行百强榜"。2016 年公司获首届"上海文化企业十佳"提名奖。自 2013 年至今，公司蝉联 4 届上海市文明单位。

二、理念系统

《故事会》杂志一直以来以发表反映中国当代社会生活的故事为主，在坚持故事文学特点的基础上，塑造人物形象，建构艺术美感，力求让每一篇故事都读得进、记得住、讲得出、传得开。为在新时代进一步讲好老百姓喜爱的故事，杂志社贯彻落实习近平总书记"坚定文化自信，

坚持改革创新，打造传世精品"的重要指示精神，眼睛向下、情趣向上，从办名刊到出大书，从做传统媒体到创新兴媒体，《故事会》杂志一直领先、领跑全国大众文化期刊，取得了可圈可点的成绩。

三、实践做法

（一）讲好新时代中国故事，担负起文化单位的社会责任

1. 强化思想引领，激发放大企业活力

故事会公司加强对习近平文化思想的学习、研究、阐释，认真落实"第一议题"、专题党课、专题研讨等学习制度，加强党员、干部政治教育和政治训练，建立健全以学铸魂、以学增智、以学正风、以学促干的长效机制。

公司党支部不断创新学习形式和载体，把"故事党课"打造成为基层党建创新的典型案例，实现"一名党员一堂课、一个支部一面旗"，充分发挥党组织领导核心作用、党支部战斗堡垒作用。上报的《坚定文化自信，讲好中国故事——学"四史"、炼"四力"，打造"故事党课"品牌》获宣传系统 2019—2020 年基层党建研究课题一等奖，2021 年入选上海市思想政治研究课题优秀成果。2022 年专门成立了"故事党课志愿服务队"，发挥广大党员先锋模范作用，引领团员青年、干部员工把开展社会主义核心价值观等理想信念教育活动作为核心内容，围绕庆祝建党一百周年、二十大召开、深化中国特色社会主义和中国梦宣传教育等重要时间节点、重大工作开展主题出版，做到党建、业务深度融合发展。

2. 配套人才培育机制，激励员工岗位成才

公司努力完善人才培养规划和人才培养目标，建立经费保障和人才培育、使用、激励等一系列配套机制，鼓励员工参加集团、社会各个层面的比赛，实施"一奖双收"，即员工一旦得奖，在原有奖励的基础上，公司还会给予相应的奖金。

"我的青春我的梦"创新工作室组织宁波小作家走进《故事会》编辑部

近年来，员工积极参加上海世纪出版集团、上海期刊协会组织的编校技能大赛，参加上海世纪出版集团首届"世纪讲书人"职业技能大赛，多名青年员工脱颖而出，获得嘉奖。多名干部、骨干分别获评第七届华东地区优秀期刊工作者、"闵行技术能手"等荣誉称号。

3. 推出"项目制"，以项目锻炼员工，获取双效益

故事会公司鼓励骨干员工承包项目，通过项目育人，努力培养一支政治思想好、文化素质高、业务知识精、工作能力强的干部职工队伍，同时获取社会、经济双效益。"我的青春我的梦"创新工作室就是成功案例，线上线下同步推进，已经连续成功举办了四届。该活动作为"世纪火种·百名作家进校园公益活动"之一，被评为"2023年上海市振兴中华读书活动优秀示范项目"。2024年3月，入选中国作家协会"2024年文学志愿服务示范性重点扶持项目"。

另外，故事会公司的"讲述中国好故事，弘扬时代主旋律"项目获上海市促进文化创意产业发展财政扶持资金资助。《上海文化品牌创新工作案例精选》获上海文化发展基金资助。

（二）坚持创新驱动，积极推进全媒体融合、数字化转型

1. 内容为王，故事会微信公众号广受欢迎

故事会公司作为传统媒体，深知"内容为王"的重要性，深耕原创

作品，将原创内容视为留住用户读者、建立良好口碑的重中之重。截至2023年底，故事会微信公众号共有粉丝数97万，月活跃用户超15万，日平均阅读量近4万次。公众号致力于深耕"头条故事""魔都故事眼"两个全新栏目。"头条故事"取材于近期社会事件，以讲故事的形式进行呈现，主要讲好中国现代故事。"魔都故事眼"则精心挑选当天的热点资讯。这两个栏目定位有别于传统杂志，充分利用了互联网快速高效传播的特性，来吸引并培养新的阅读人群。除了新推出的栏目，公众号依然每天坚持推送典藏、每日一笑等经典固定栏目，力求让读者看到实用、有趣、有情感、有故事的好内容。

2. 发挥品牌溢出效应，故事会官方正版App蓬勃发展

"故事会"三个字是老品牌，从1999年至2015年，《故事会》连续六次被评为"上海市著名商标"。2008年《故事会》被评为"中国驰名商标"。2009年、2011年，《故事会》连续两次被评为"上海名牌"。

如何让传统品牌焕发新生，找回那些原来拿着书、现在拿着手机的老粉丝、新受众，这是传统纸媒要考虑的新问题。2018年，故事会公司提出了App布局方案，上线了结合数字期刊订阅、阅读功能的移动应用产品——故事会官方正版App。针对作为杂志媒体的特殊性，公司深挖与邮政等渠道的合作形态，通过分销模式实现多赢，让读者体验到更便捷的阅读方式的同时，让渠道获得更大的积极性。截至2023年底，故事会官方正版App实际总用户数近200万，总点击量超100万次，月活跃用户数约5万，平台现有内容总量超过

故事会公司董事长夏一鸣为宁波小作家讲课

3000 个品种。

3. 技术迭代更新，推出元宇宙中心、故事会数字藏品

技术的迅速发展催生媒介生态的重塑，故事会元宇宙中心应运而生。故事会元宇宙中心是一个和现实生活紧密相连的虚拟世界，利用 3D 效果呈现故事会公司发展历程、企业文化、党建成果，以及故事会出品的图书、音频、视频、文创等商品。针对公司自营杂志、图书，让读者可以足不出户云逛书店，远程下单后由快递寄送。

2023 年，公司与复旦四维共同推出故事会数字藏品，内容包含：在 i 得 App 上进行销售，《故事会》1963 年创刊封面、1979 年复刊封面、说书俑等。数字藏品是数字出版物的一种新形态，使用区块链技术，对应特定的作品、艺术品生成唯一数字凭证，具有不可分割、不可替代的特性，在保护其数字版权的基础上，实现真实可信的数字化发行、购买、收藏和使用，并成为可以永久拥有、认证、追溯的数字资产。

（三）始终挺拔主业，倾心打造时代精品，厚植上海城市精神

1. 致力于主题出版，传承弘扬红色文化

上海是中国共产党的诞生地，拥有丰富的红色资源和记忆。2021 年正值中国共产党成立 100 周年，公司以宣讲红色故事为抓手，与上海基分文化传播有限公司（趣头条）、上海东方报业有限公司（澎湃新闻）三家联合举办"红色记忆"主题故事全国征文活动，并推出《赤诚之心　红色记忆》特刊，从而发掘宣传中国共产党在上海创建的光荣历史、奋斗历程以及取得的辉煌成就，讲活一个个红色故事、党员故事、英模故事，从书、刊、有声读物等多方面创新出版形式，取得了丰硕成果，为主题出版添上了浓墨重彩的篇章。

编辑部与上海东方宣传教育服务中心联合编写出版了《上海·党的诞生地故事读本》，共收录 100 个红色故事，以新民主主义革命时期、社会主义革命和建设时期、改革开放和社会主义现代化建设时期、中国特色社会主义新时代为主线，讲述了发生在上海这片土地上，中国共产党

人全心全意为民族谋复兴、为人民谋幸福的动人事迹。

2. 聚焦厚植城市精神，彰显上海城市品格

故事会公司坚持以工匠精神倾心打造了一批网络文学精品力作，牢筑城市软实力的精神内核。公司围绕贯彻落实打响"上海文化"品牌新一轮行动计划，引领广大干部职工以充满激情、富于创造、勇于担当的精神状态，投身宣传文化事业新的发展。

为迎接党的二十大胜利召开，《故事会》杂志社承办了由市委宣传部指导，市文明办等5部门主办的"我们的上海——新时代新风尚新故事"征文活动，部分优秀作品在学习强国、上海发布等平台展示。编辑出版了图书《我们的上海——新时代新风尚新故事》，并通过故事展演评选、制作有声节目、短视频、漫画长卷等形式在报纸、电台、电视台、网络等媒体进一步展示，充分扩大了该活动的社会影响力。

3. 积极参与公益活动，践行社会责任

近几年，故事会公司以融入和助力所在地区新时代文明实践中心建设为抓手，广泛开展并参与所在地区的文明城区创建、疫情防控、社区治理等重点工作，积极参加各类社区服务，充分利用自身资源，积极开展同创共建。公司特别

《故事会》校园版送公益文化课程进校园

发挥行业优势，积极为大中小学生教育实践提供便利条件。针对青少年群体，编辑出版精彩实用的读物，诸如：《学习方法决定学习成绩》《青春读本：感动学生的中国好故事》入选2019年教育部向全国中小学推荐书目。《青春读本：感动学生的中国好故事》入选2019年农家书屋重点

图书推荐目录文化类、少儿类图书。

　　作为宣传系统"文明与文化同行"主题志愿服务的深化拓展，自2018年暑期至今，故事会公司每年都派出员工参与宣传系统组织的"爱心暑托班"活动，为暑托班的孩子们送去文化公益课，向孩子们传递正能量、弘扬真善美，也充分展现了宣传系统广大干部职工、团员青年的责任担当和精神风貌。《故事会》作为一本全国性的刊物，编辑们还去全国各地走访，送公益文化课程进校园，编辑的脚步遍及江苏省、浙江省、江西省、山东省等多所中小学。

供稿：李震宇、冯汇祺、李丹妮

"记录我，遇见你"

（即刻 App）

一、组织简介

上海若友网络科技有限公司（即刻 App 运营主体）在 2015 年 1 月注册成立于上海市杨浦区，是一家技术驱动的互联网企业。目前，公司员工数量超过 170 余人，其中 90 后员工占比超 95%，本科以上学历 160 余人。

公司专注于移动互联网应用的开发，旗下的即刻 App 于 2015 年 3 月正式上线，致力于打造年轻人表达自我的个性化兴趣社区，建立符合时代潮流的同好社区，为用户提供真实的共鸣陪伴。在各部门的指导帮助下，即刻 App 持续高速发展，目前拥有注册用户总数 5000 万，月活用户近 1000 万。

2022 年，即刻获得第一财经评定的年度第五大社交平台品牌。

二、理念系统

口号：记录我，遇见你。

使命：造一座城，让每个人都能找到属于自己的住所。

愿景：全心打造一个高度自由、自主的社区，让一千个圈子可以有一千种即刻成为现实（用户不再以狭义的兴趣维度连接，情绪、职业、状态、经历、地理位置等都可以是彼此连接发现的方式，大家因为共同的特质聚集到一起分享、交流、互动，认识更多线上线下的新朋友）。

核心价值观：兴趣社交（在即刻，无论你想讨论运动或是摄影，无论你是哪种职业，你都可以找到自己喜欢的主题社区，加入自己感兴趣的圈子，大家共同交流分享，在大大小小热闹的"街区"众乐乐，一起嗨翻天）。

经营理念：尊重用户、满足用户（即刻的核心产品理念，尊重用户的选择，让用户成为编辑，对信息进行筛选和管理，让用户真正成为主题社区的建设人、规划师、管理者，一同打造属于自己的"即刻城"）

行为准则：激进坦诚、不断试错（即刻各个团队之间公开透明，每位员工拒绝精致的伪善，在有不同意见与疑惑时，能坦然地直接表达。将更多精力用于不断创新、不断进取）。

三、实践做法

（一）协力前行，追求共同文化

作为一家技术驱动的互联网企业，公司高度重视人力资源的开发和发展，运用多种途径和手段，提升文化境界，追求文化价值，共创文化事业。

1. 营造志同道合的文化氛围

公司围绕口号与使命展开了一系列深入且富有高度的策略。首先是企业文化塑造，即刻一直将"志同道合，拥抱全新自我"作为公司的文化追求，注重构建一种开放、包容、多元的文化氛围，鼓励员工分享自己的生活和工作点滴，努力让每个人都能够在这个平台上找到属于自己的归属感。在即刻，"奋斗、成长、体验、收获"是关键词，努力让每一位员工在每一天有新的奋斗、新的成长、新的体验、新的收获，昨天与今天是更进一步、全然不同的自我。为更好地帮助员工努力奋斗、获得成长、增加体验、取得收获，公司定期组织团建活动、分享会等活动，组织了一系列公司内外活动，促进同事健康工作，快乐体验。例如，公司会定期举行足球与羽毛球比赛，通过比赛激发员工竞争意识和团队协作精神。在比赛中，每个参与者都在奋力拼搏中找到了自己的定位，收获团队合作的快乐，也让每位参与的同事更好地认识团队成员、拓展眼界。同时，这种集体体验不仅促使个体成长，也使整个团队更加紧密，增进员工之间的了解与信任，形成紧密的团队凝聚力，共同面对挑战、共同分享成果。

2021 年海南岛团建活动

2. 建立行之有效的激励机制

即刻设立了一系列奖励制度，对于在平台上积极分享、互动、创新的员工给予物质和精神上的双重奖励，如每季度都会开展晋升评估，在年中与年终会根据每位员工的工作情况进行奖励，每位员工都可以通过问答形式向公司提出工作改进建议；员工提出一个好的创新方案，能够申请成立由该员工领导的项目组，并在运营一段时间，相关运营情况在公司讨论评估通过后，可以将项目组常态化。这不仅能够激发员工的积极性，还能够让更多人看到优秀员工的榜样力量，从而带动整个团队的进步。此外，公司还创新设立大事记制度，在大事记中，即刻会记录下每位做出创新员工的事迹和产品，这是对通过奋斗所作出的创新产出的员工最直接的支持，传达了公司对员工奋斗和前瞻性思维的认可，强调公司鼓励员工不断成长，用实际产出来证明成长，培养尝试新思路、新方法的文化氛围，并给员工自己带来新的体验。同时，这不仅激励着这些员工继续为公司作出贡献，还向整个团队传递了积极的能量，激发其他员工也投身创新的行列，收获荣誉。

3. 积极开展促进员工成长的培训

即刻重视员工的个人成长与职业发展，提供丰富的培训资源。通过培训，员工能够更好地理解公司的愿景和使命，明确自己在实现这一目标过程中的角色与责任。同时，晋升机制也能够让员工看到自己在公司的发展前景，从而更加努力地投入到工作中。此外，另一项重要举措是公司高管们撰写个人使用说明书，在个人说明书中传达价值观和行为准则，进行全面自我剖析，从而加深员工对公司核心价值的理解。这种一致性有助于巩固公司文化，为员工提供清晰的指引，使其在工作中更好地体现公司的价值观。通过个人言行的展示，有助于引领和塑造公司文化，为整个团队提供明确的方向和共同的价值观。

（二）用户至上，创新推动发展

在公司经营管理和日常业务工作之中，秉持"尊重用户、满足用户"的经营理念，持续创新社交模式，深耕社区属性平台领域，着力构建一个真实可依赖的同好社区，打造浏览、发现、关注、生产四大板块共生自洽的社交闭环，利用人工智能技术，基于 feed 流形式，个性化给用户展示其最感兴趣的内容。

1. 全力践行"兴趣社交"服务理念，满足用户需求

在产品外围构建自己的产品矩阵，触达不同年龄层用户的全方位社交需求，设计推出更适合中学生群体使用的未成年人模式，植入播客、社交电商等形态覆盖更广的社交场景。同时，依托投资人腾讯的强大社交生态，成为微信的前置引流入口，构建独特的生态闭环，有效扩大用户规模的同时增强用户粘性；持续探索产品商业化途径，将普通用户转

化为消费用户，多途径完成流量变现。

2. 积极推进愿景建设，倾力打造数个线下的社交场合

即刻将线上的虚拟社交推进到线下，为年轻人提供线上线下互动共通的真实社交环境。现在打开即刻，就能看到推荐流里，几乎全部是来自 UGC 的内容，其中不乏图文和短视频。同时，即刻也上线了探索卡片帮助用户发现更多有趣的主题，从产品形态来看，即刻已经脱离最初的阶段，不单单做一个内容分发平台，而成为了实实在在的 UGC 社区；即刻积极组织线下活动，扩展开发更多可能性，实现线上线下联动、线下反哺线上的工作目标；充分利用线下活动人流易聚集、场景真实、主题明确等特点，多形式、多模式举办线下活动，不断拉近公司和用户、用户和用户之间的距离，获得更直接的感官体验，进一步提高品牌知名度，最终实现"即刻造城"的品牌构想。近几年，即刻在杭州、广州、北京等多座城市举行线下即友交流会，举办城市巡礼活动，为用户打造线下面对面交流平台，增进归属感，扩大社交圈。

3. 坚持技术驱动和技术创新，保持企业发展动力

即刻基于网页点选的半自动化爬虫技术，编辑人员只需要通过工具在目标网页的一个页面进行关键元素选择，后台就可学习生成针对类似网页的自动化爬虫，定时更新爬取相关内容。逐级流量分配的用户动态曝光系统，在内容冷

2019 即刻跨年线下集市活动

广州即友见面会

启动方面，通过精确的流量控制，使得单条用户可以在较小曝光情况下通过用户反馈得到质量验证，逐步放大曝光范围，实现优胜劣汰。此外，即刻在业界首创上线后显著提高用户投稿到正确圈子的几率。通过结合自然语言处理技术、计算机视觉技术实现的用户动态和投稿圈子的匹配度检测系统。将用户发表内容通过 embedding 技术得到词向量及文档向量，将用户发表的图片通过 CNN 模型得到图片向量，相结合训练得到和投稿到的圈子的匹配程度的机器学习模型。具体应用为，在用户输入内容时就能及时猜到最符合的圈子，并给予提示。同时，在数据加工、处理方面，即刻是大数据领域开源工具的路线，并且整个产品依托基于深度学习的推荐系统，实现了用户内容呈现千人千面的个性化。在用户生产更多内容的同时，也丰富了推荐流可用户分发的原材料，从而使得推荐系统更加有效的运转，大数据处理系统也达到毫秒级的处理延迟。即刻的推荐系统基于点击率预估模型，以打开率和使用时长最为综合优化目标，实现了基于梯度提升决策树（XGBoost）和因子分解机（FM）的机器学习系统，利用平台上海量的用户行为日志，挖掘用户潜在感兴趣的内容。同时在线服务部分利用 Elastic Search 索引全站内容，基于粗粒度召回和细粒度排序的两步召回、排序手段，快速精准定位用户感兴趣的内容并实时推荐，在整个点击率的优化方面在业界领先。

（三）强化担当，清朗网络空间

1. 坚守安全底线，努力营造良好网络环境

即刻作为一款网络社交软件，自正式上线以来，一直把确保内容安全作为底线、红线，将营造风清气正的网络环境作为努力方向，将做好政治建设摆在首位，不断加强政治意识，提高政治站位，增强"四个意识"，坚定"四个自信"，坚决做到"两个维护"，自觉用习近平新时代中国特色社会主义思想武装头脑，用习近平文化思想指导工作，学懂弄通悟透各项法律法规要求和精神，不折不扣将法律法规、政策要求、决策部署落到实处；强化担当，扛起平台主体责任，严格落实总编辑负责制，

保证平台内容的安全可靠，与用户一同构建风清气正的网络氛围，共同营造绿色清朗的网络空间。

2. 扛起企业主体责任，不断提升能力水平

积极响应主管部门对互联网公司要不断加强自身政治建设的要求，全力配合"清朗浦江·打击整治'网络水军'专项行动""网络戾气整治专项""打击电信网络诈骗专项"等行动，报名参加"清朗'e 企学'线上培训营"等培训营课程，精心撰写提交《即刻 App 企业自评情况提交说明》《上海若友网络科技有限公司关于总编辑的述职报告》《上海市互联网企业信用评价指标制度汇编（若友）》等报告，以企业的主动担当，为营造清朗互联网空间而努力。

供稿：鲁崟科

有爱感恩、担责守信：连尚网络共创共富之路

（连尚网络）

一、组织简介

上海连尚网络科技有限公司创立于 2013 年，是一家服务全球移动互联网的企业。总部设在上海，在北京、广州、新昌及新加坡等地建立了分公司，员工规模近 1000 人。

连尚网络的服务涵盖免费上网（WiFi 万能钥匙）、资讯阅读（连尚文学）、AI 社交（连信）以及短剧漫画、工具游戏等多个领域，通过共享、投资、自建、合作以及公益等多种方式，构建了一个立体化的免费上网矩阵，帮助用户在全球范围内无缝连接知识、娱乐和消费等各种互联网场景。产品矩阵热点覆盖全球 200 多个国家和地区，发行语言版本 19 个，深受"一带一路"国家用户欢迎，在谷歌工具排行榜长期排名第一，连续两年月活用户数位居全球第四。

连尚网络先后荣获国家高新技术企业、国家知识产权优势企业、上海市"专精特新"企业、上海市科技小巨人、上海硬核科技企业等荣誉，连续多年在中国互联网综合实力百强企业、上海软件和信息技术服务业百强企业榜单中崭露头角。

二、理念系统

使命：消除数字鸿沟。

愿景：让全世界免费上网，创造美好网络生活。

价值观：数据至上、厚积薄发、有爱感恩、担责守信。

三、实践做法

（一）以员工为本，构筑团队核心竞争力

1. 守护员工健康

连尚网络将员工的健康视为公司最宝贵的财富，用爱关心每位员工的身体和心理健康。定期开展全员健康体检、建立员工健康档案。每个工作平面配备 AED，并不定期举行急救培训，扩大急救志愿者队伍，确保每位员工均具备应对紧急状况的能力。

关注生理健康的同时，对员工心理健康同样重视。连尚网络为全体员工发放"员工关爱服务卡"，提供第三方专业心理咨询热线，帮助大家有效管理与平衡压力，维持积极的心态，以应对工作与生活中各种可能出现的挑战。疫情期间，开展"防疫也防'抑'""居家办公如何兼顾工作与神兽"的主题心理关爱讲座，守护员工心理健康。

连尚网络开展 AED 公众必会急救课程培训，为员工提供健康保障

2. 温暖员工家庭

"有爱感恩"理念自员工入职之初便得到深入贯彻与实施。公司特别设立"严父慈母"赡养津贴及感恩基金，倡导"百善孝为先"传统美

德，在让员工父母亦能共享子女工作之硕果。此外，连尚网络还特别创立"健康成长"员工子女互助慈善基金与"二胎子女教育基金"，切实保障员工父母及子女的健康与幸福。

在业内最早提倡居家办公概念，为员工提供自由宽松的工作环境创建工作与家庭和谐关系。在国家法定产假基础上额外给予 10 天公司产假，女性员工自怀孕之日起还可享受每天 1 小时产前工间休息，男性员工自配偶怀孕之日起也可享受该假期，让每一个家庭都感受到连尚的温暖与关怀。

设立"二胎子女教育基金"，为每个员工家庭提供 10 万元子女教育费用补贴。2022 年新增"三胎子女成长基金"，为每个员工家庭提供 10 万元资金，帮助员工三胎子女健康成长。

3. 筑牢廉洁防线

连尚网络始终坚守诚信合规的原则，以党建为引领，推动公司稳健发展。要求员工在工作中践行诚信、合规的价值观，对任何形式的舞弊和腐败行为都持零容忍态度。同时，强调"担当守信"的精神，鼓励员工勇于承担责任，坚守信用。

作为行业领军企业，连尚网络积极加入"中国企业反舞弊联盟"和"阳光诚信联盟"，与行业伙伴共同构建反舞弊的坚固防线，提升行业共治水平，为商业环境注入阳光与正气。

连尚网络以《员工手册》为基石，制定了《稽查工作管理制度》和《内部审计工作管理制度》，通过明确的制度规定，确保廉洁合规的要求能够细化到企业的每一个运作环节。

（二）助数字链接，净化网络平台生态圈

1. 消除数字鸿沟，畅享美好生活

连尚网络通过构建立体式上网矩阵，弥合"接入鸿沟"，推动"数字丝绸之路"建设，首创 Wi-Fi 共享模式开展闲置资源利用，降低连接成本；不断扩大数字基础设施覆盖范围，拓宽连接通道，提升互联网接入

质量和传输能力，优化连接效率。

连尚网络积极助推城市数字化转型，以"智慧城市 Wi-Fi"覆盖城市多个热点场景，提供免费、高质量的公共 Wi-Fi 服务，助力多个城市开展智慧城市建设。同时，与中国电信合作共建热点，简化用户网络联接流程，保障用户 Wi-Fi 接入安全，提升用户连网体验。双方合作共建的免费热点覆盖超过 600 万个上网场景。

值得特别关注的是，在 2021 年，连尚网络为浙江省绍兴市新昌县捐建了一座具有世界级水准的县域科技馆——新昌未来科技馆。科技馆由"未来生命、未来空间、未来娱乐"三大展区组成，采用全息投影、人工智能摄影等"黑科技"，提供未来科技互动体验，展示全球先进技术应用于医学、宇宙、家庭娱乐等领域，促进地区科教发展，提升公众科学文化素质，特别是激发青少年科学探索精神。此举不仅丰富了当地的文化教育资源，更为推动县域科技普及与发展作出了积极贡献。

2. 开启梦想钥匙，连接多彩世界

连尚网络把履行社会责任作为企业战略的重要组成部分，致力于破解偏远山区学校资源相对匮乏的难题，缩小偏远山区与发达地区教育差距，促进教育均衡发展。

2015 年，连尚网络与中国社会福利基金会免费午餐基金合作，共同发起了"梦想钥匙"公益行动。该行动旨在为偏远山区学校提供免费上网服务，让孩子们有更多机会接触外界，同时努力改变山区教学现状，降低孩子们获取信息的门槛。

"梦想钥匙"公益活动

自广西龙胜县龙脊镇翁江小学成功落地"梦想钥匙"项目后，通过中央网信办牵头的"结对帮扶"行动，为陕西省山阳县的80所学校提供了全面的网络支持。这包括建立基站、铺设网线以及承担网络费用，确保学校能够充分利用网络资源进行教学和学习。"梦想钥匙"项目旨在缩小城乡数字鸿沟，优化公益模式，不断迭代升级项目内容。

3. 坚守舆论阵地，打造内容生态

连尚网络作为互联网公司，积极承担平台责任，通过人工编辑和算法干预等措施，推送正面内容，关注版面生态。

公司开设热点专题、主题栏目和答题活动，不断开发新产品形式，让内容触达更多用户。正能量品牌栏目从"正能量"到"暖人间"再到"故事汇"，内容形式涵盖图文和短视频，品类丰富，包括大国成就、好人好事、励志故事、传统文化等，以及真实、鲜活、现场感强的普通人正能量故事。标题情绪从直接正能量到情感共鸣，效果逐渐提升，形成稳定阅读用户群，总访问量超过25亿次。

此外，还开展"网络普法照亮计划"等活动，设立"辟谣"等主题的普法专题，加大网络普法宣传力度，使网络安全观念深入人心。连尚网络充分发挥网络平台的作用，推动法制宣传工作不断创新发展。

（三）展公益精神，承担企业的社会责任

1. "梦想钥匙"公益项目硕果累累

"梦想钥匙"公益项目从"消除数字鸿沟"愿景出发，坚持每一个微小的努力汇聚成河，让免费上网这件小事也能成为一股强大的力量，让知识的传播更加便捷和高效。项目从发起至今累计为全国16个省的304所山区学校提供免费网络，受益学童超过5万名。

"梦想钥匙"入选中国网络社会组织联合会"2018网络扶贫优秀案例"、通信产业报全媒体与赛迪网联合发起的"互联网50年50佳公益榜"、中国互联网发展基金会"2019网络公益年度项目"，获评中国互联网协会"2018—2020年度中国互联网行业协会公益奖"等多项荣誉。

2. 社会责任实践屡获公众认可

连尚网络结合自身的业务特点和资源优势，深耕"梦想钥匙"等公益项目，开展助商惠民计划，为乡村振兴、科技助农以及小商户的数字化转型提供了创新思路与成功经验，获评上海报业集团、界面新闻举办的 2022 臻善奖"年度臻善企业"。

通过总结在弘扬企业文化、保障员工权益、关爱弱势群体、参与社会公益、保护生态环境等方面的实践成果，连尚网络于 2022 年发布了首份社会责任报告，并入选了国内首本《互联网平台企业社会责任蓝皮书》社会责任发展指数前十。

3. 新冠疫情履行社会责任

新冠疫情期间，连尚网络积极派遣架构设计、数据库和运维专家，为设计满足大规模、高并发要求的数字哨兵和场所码的技术架构设献计献策；聚焦疫情期间物资保供难题，推出保供团购模式，保障食品生鲜、日用百货与母婴用品等重点民生品类物资供应，兜底保障困难

新冠疫情期间，连尚网络通过上海市浙江商会公益基金会向北蔡镇捐助抗疫及生活物资

群众基本需求；通过公益捐赠、志愿服务等形式，为疫情防控一线提供助力，并且鼓励员工加入志愿抗疫队伍，在志愿者服务期间按照全勤发放工资。凭借在行业自律、积极抗"疫"的社会责任等方面的突出表现，连尚网络旗下 WiFi 万能钥匙荣获中国互联网协会评选的"2021—2022 年度中国互联网行业自律贡献和公益奖"。

供稿：张歆、张淑玥

构建美好，堆糖星球的快乐成长之路

（堆糖 App）

一、组织简介

堆糖信息科技（上海）有限公司成立于 2011 年，是一家以智能化数字图像为主要发展方向的公司，独立开发的堆糖 App 于 2012 年正式上线，至今累计用户注册量近 2300 万，日活用户约 35 万，月新增图片约 110 万。

堆糖 App 作为国内乃至国际领先的图片平台，具备海量的图片数据库。具备全面的大数据技术实力，以及在 C 端广泛的用户基础，如图片社区服务、个性化搜索、个性化推荐、图片在线编辑等。

自成立以来，堆糖积极投入"文化＋科技"建设，先后通过高新技术企业、上海市"专精特新"中小企业等资质认定，并加入中国互联网协会、上海市网络文化协会、上海市信息网络安全管理协会等行业协会组织。

二、理念系统

堆糖，作为一个专注于新时代青年的视觉工具平台，借助"美好研究所"这一核心概念，致力于为国内的年轻群体提供更加精致和高品质的美图盛宴，帮助大家更好地发现生活中的点滴美好。在快速发展的数字时代，堆糖深知技术和设计的重要性，上线十年以来，它不仅仅是一个图片社区，更是一个培养创意与美学人才的摇篮。

在经营理念上，堆糖以"快乐学习、敏捷迭代"为团队主旨，构建了一支积极向上、充满活力、配合默契的"小糖人"团队，调动个人优势，组建学习小队，使每一位期待成长和突破的小糖人能成为被瞩目的群星之一，这不仅是对个人的认可，也是对团队协作精神的肯定。

堆糖在持续耕耘中，不仅是一个社区平台，更是一个关注团队成长、社会责任和创作者权益的文化社区，持续秉持"美好研究所"的理念，不断创新，助力社会文化的健康发展。

三、实践做法

（一）构建堆糖星球，组建团队成长梯队

在互联网瞬息万变的时代，堆糖创始人以前瞻性的视角和创新精神，引领着品牌在数字时代的洪流中稳健前行。管理团队始终秉持着与众不同的创新理念，坚信细节决定成败、态度决定一切、心态决定人生，将"快乐学习，敏捷迭代"奉为团队建设的重要基础，致力于打造一个充满活力的成长环境，鼓励每一位小糖人在愉悦的氛围中不断学习和成长，快速适应变化，勇于尝试新兴事物。

在不断优化的过程中，实现了有堆糖特色的"星球文化"，就如每位新人收到第一份欢迎信的引言一样，欢迎着每一位成员加入堆糖星球。这一理念强调了每位小糖人都是不可或缺的一员，就如星星一样可以拥有属于自己的独特光芒。为了帮助团队成员更好地成长和发展，堆糖提供了丰富的培训资源和多元化的职业发展路径。从专业技

堆糖全员会

能培训到领导力发展，从团队合作到个人职业规划，堆糖都为员工提供了全方位的支持。

在个体成长上，堆糖基于"快乐学习，敏捷迭代"的理念，精心打磨了两大落地策略。首先，从细微之处着手，基于小型团队的管理风格，通过构建"Mentor+学长＋员工"模式，陪伴员工从新手期一路成长，由 Mentor 根据岗位特性提供个性化的培训资源、职业规划指导，由"学长"作为贴心伙伴提供团队情绪价值以及关注员工的心理健康支持，从而确保每位小糖人都能在愉悦的环境中茁壮成长。其次，在跨团队跨部门管理上，通过建立交流平台打破跨团队跨部门之间的信息壁垒，提供前后台的交流机会，让小糖人们在相互尊重与理解的基础上，发挥各自的优势，共同应对挑战，实现个人价值。这样的双管齐下，不仅增强了团队的内在凝聚力，也为构建一个和谐、多元、包容的团队环境奠定了坚实基础。

堆糖不仅仅是一个商业实体，更是一个具有社会责任感的组织，携手科技京城党支部，联合楼宇企业代表，共同组织各类学习活动，不仅增强了党性教育，也提升了团队的凝聚力和向心力，为构建和谐社会贡献自己的力量。

员工参加楼宇党校学习

（二）积极贯彻清朗网络建设，构建护航小队

堆糖以构建"清朗网络空间"为己任，着眼于建设一个安全、和谐的网络环境，特别成立了网络安全管理领导工作组，由工作组负责领导、协调并监督堆糖站内的信息网络安全管理事务，旨在打造一个受用户信赖的图文社区。

为了系统化管理信息网络建设工作，网络安全管理领导工作组主持制定了《堆糖信息安全管理制度汇编》，该汇编涵盖了信息安全管理、内容安全管理、用户分级管理、应急响应机制等多个方面，包括数据保护、系统安全、用户隐私等。汇编由上至下高度统一了各团队成员的网络文化意识、数据安全意识，明确了堆糖网络文化建设的风向标，确保了用户在平台上的信息和交互活动的安全性。同时，还明确了相关责任人，以便高效地应对潜在的网络安全风险问题。

除了对内的管理建设外，堆糖积极组建了网络清朗文化护卫队，招募平台活跃用户，通过累计积分等方式激励用户积极举报。2023年作为堆糖原创业务上线元年，全年累计提供有效举报3417例。

如果将堆糖的网络文化建设团队比作为乘风破浪的舰队，网络安全管理领导工作组则是舰队中的航母，指明了堆糖在网络文化建设上的航

团队活动

向和基奠；网络安全团队则是舰队中的巡洋舰，积极响应网络文化建设中的各类挑战，保障了堆糖的常态化运转；通过结合由堆糖用户构成的护卫队，便构成了一个内外呼应的堆糖网络文化建设的完整团队，通过协同作战，形成了一个立体化的网络安全保卫体系。在这个体系中，每一个环节都起到了相互补充和支持的作用，为用户提供了更加安全可靠的在线环境，实现了清朗网络建设的积极目标。

（三）深入未成年人保护工作，构建护苗行动

堆糖高度结合产品用户特性，成立"未成年清朗建设"护苗行动。通过建立健全的内容过滤等机制，致力于为未成年用户打造一个安全、纯净的网络环境，使其在堆糖上畅享优质内容的同时，得到全方位的保护和关怀。

在积极响应 2020 年《中华人民共和国未成年人保护法》第二次修订的背景下，堆糖深入未成年人网络文化引导及保护工作，为了加强网络文明建设，发展积极健康的网络文化，堆糖结合自身产品及用户特性，以建设营造良好的网络清朗环境为目标，坚持正确的政治方向和舆论导向，堆糖也成了网络文明建设的积极参与者之一。

堆糖于 2020 年 11 月首次推出护苗行动，成为社区建设的重要环节之一，专门建立了"护苗行动"专区，着重关注未成年人教育和保护。通过引入卡通插画形式，以轻松生动的方式进行主题教育，为用户提供了更具吸引力与亲和力的内容，使网络文化教育更易被接受。护苗计划不仅强调了未成年人的网络文化引导，更在 2023 年推出了一系列丰富多彩的主题活动，主题包括："拒绝网络暴力，从你我做起""禁止借未成年人牟利""堆糖护苗月，启动""杜绝饭圈乱想""对文身说不""举报小分队出发"等，每一个主题都聚焦社会关切点，通过互动、教育和引导，促使用户更积极地参与到未成年人文化建设中。

护苗行动涵盖的主题内容丰富多样，覆盖了网络暴力、牟利、饭圈

文化、文身等多个方面。这种多元化既能够全面提升未成年人的综合素质，也更好地满足用户对于知识、文化、兴趣的多元需求，通过这种方式，堆糖不仅成为了一个图文分享社区平台，更是一个注重未成年人文化建设的社区。

（四）探索文化小众圈层，推动原创保护计划

堆糖作为国内领先的图片平台，具备庞大的图片数据库，在当今日益重视版权的时代背景下，堆糖积极践行以"关注原创版权保护"的核心原则，不仅始终贯彻版权保护的重要性，除邀请各界画师入驻堆糖外，在2023年更是与原创画师深入合作，联合推出原创市集业务，并开展了版权保护月等活动。这一系列措施标志着堆糖在版权建设方面的深入实践，为创作者提供了一个公正、公平的创作平台。

堆糖通过推出原创保护计划，宣示了堆糖对于原创作品及其创作者的重视。这一计划不仅是针对创作者个人商业化的加持，更是为创作者版权提供了更加全面的保障。通过这一计划，堆糖向用户传递了"尊重原创"的明确信号，构筑了一个鼓励创新、保护版权的数字创作环境。

堆糖坚定地倡导用户尊重和保护创作者的合法权益。在社区内，用户被鼓励以尊重、理解的态度对待原创作品，此外不仅强调对原创作品的保护，还为原创画师提供了版权维权支持。这包括但不限于技术手段、法律手段等多层次的支持，确保原创画师的作品在网络上得到充分的保护。这种维权支持是堆糖对创作者权益的积极捍卫，也是对版权建设责任的明确承担。

堆糖在版权建设方面，通过主题活动的形式，开展站内版权保护月。这一活动旨在引导用户对版权问题的关注，并加深他们对原创作品背后创作者的理解。通过一系列活动、推广以及宣传，加强用户对版权重要性的认知。为了更有效地维护创作者的权益，堆糖开放了专属的举报维权等通道，在2023年年度报告活动中，为积极参与版权保护专项的用户

寄送专属礼品，并由用户在抖音、快手、小红书等第三方平台加以宣传动员。通过这一机制，用户可以积极参与社区建设，为保护网络环境贡献力量，也使得版权问题得到了更及时的解决。

供稿：堆糖网

星夜兼路　不忘初心　精耕直播　方兴未艾

（么么直播）

一、组织简介

上海星艾网络科技有限公司成立于 2014 年 7 月，专注于研发应用音视频即时通讯技术，围绕用户社交娱乐需求打造社交娱乐产品矩阵，构建起音频、视频、交友等立体化的多业务场景。公司员工百余人，其中 1/3 具有多年视频直播行业从业经验。在近 10 年的经营过程中，稳扎稳打，砥砺前行，成长为国内娱乐直播行业前十平台。

星艾网络的核心产品么么直播，是一个在线视频直播的互动娱乐平台，以丰富的直播内容和娱乐互动模式，聚集了一大批优质经纪公司、主播资源，打造成为上海在线直播平台标杆。截至 2022 年底，星艾网络注册用户超 1 亿，已为 6 万余名主播提供就业机会。

星艾网络先后参与《网络表演（直播）平台运营服务要求》《线上演播服务要求》《线上演播服务内容质量要求》《网络表演（短视频）运营服务要求》等多项国家行业标准制定。先后获得 2017 年度中国互联网直播行业优秀示范企业、2020 年度最具潜力直播机构、2021 年度十大影响力短视频与直播平台、2021 年度闵行区重点企业等奖项。

二、理念系统

使命：让快乐更简单。

愿景：为一亿用户提供优质的社交娱乐服务。

核心价值观：开放透明，求真务实，追求卓越。

1. 开放透明：内心阳光，以正向的角度去理解人和事；对新事物保持积极看法，不墨守成规；就事论事，不意气之争，有错误敢于承认。2. 求真务实：思考本质，从实际情况出发；事事有回应、件件有着落；结果说话，不推卸责任，只找方法不找借口。3. 追求卓越：做事高要求，以做好而不是做完为标准；勤复盘、有沉淀，保持学习、稳步提高；乐于承担有挑战性的工作。

三、实践做法

9 年以来，星艾网络历经了国内企业的快速蓬勃发展，见证了上海互联网企业的茁壮成长，参与了直播行业的大浪淘沙。公司始终坚定履行企业社会责任，重视平台内容安全、未成年人保护工作。

（一）体现责任，坚持平台生态治理

1. 用制度落实未成年人保护工作

么么直播形成总编室和总编辑制度，严格把控平台内容安全，组建公共事务、审核、法务团队，在价值观宣导、审核技术手段等维度多管齐下，致力于维护平台清朗环境，为广大未成年人营造良好的上网氛围。2021 年，上海网信办推出《上海网络平台青少年模式设置指南（试行版）》，么么直播作为 18 家受青少年喜闻乐见的网络平台代表之一，与哔哩哔哩、小红书、喜马拉雅、阅文集团等企业共同推广试行。

根据《关于规范网络直播打赏加强未成年人保护的意见》，么么直播内部展开自查自纠，不断完善未成年人打赏机制，加强高峰期监管。么么直播开启打赏消费上限提醒，加强违规信息清理。针对暑期，么么直播开展护苗—保卫未成年人专项行动，么么直播开展专项整治行动，全面深入排查平台内各类危害和影响未成年人身心健康的内容，重点梳理了五大问题进行排查，同时倡议用户积极举报不良内容。

2. 以严格审核把控内容安全

目前么么直播审核团队近 40 人。严格落实 7×24 小时值班制度，确保对违规内容进行及时有效的处理。审核人员严格按照审核要求进行内容管理，给广大用户提供一个绿色健康的交流环境。

定制内容检测管控技术策略，加强了与第三方技术公司的沟通，通过深度学习技术，提供视频、图文等多媒体的内容风险智能识别，进而对垃圾内容进行技术有效的控制。针对高风险内容，如散布脏话污语，已通过分析添加屏蔽字词。全面加强相关屏蔽关键词、屏蔽图片的过滤，对昵称、头像的审核严格把关。通过机审加人审相结合的方式，确保平台直播、图片、文本信息内容安全。同时通过质检回溯强化巡检机制。

公司发起的"青春心向党"2023"Me 爱星"走读上海红色文化公益夏令营项目

（二）党建引领，强化思想政治意识

1. 星夜兼路，不忘初心

星艾网络旗帜鲜明，始终拥护党的各项决策部署，立足于企业实际情况，坚定不移践行社会主义核心价值观。2021 年 1 月公司成立党支部，依托支部党建，由点及面提升员工思想政治意识，构建"社会公德、职业道德、个人品德"三高新格局；通过党建活动，提升员工团队意识及凝聚力，与企业一同聚精会神干事业；结合企业业务，培育员工能力提升沃土，使员工与企业同成长。同时，培养员工"为人民服务"意识，将服务理念贯穿整个用户运营工作，尊重用户提出需求，主动调整服务模式，合规提升产品质量，通过精准运营提升产品口碑，实现企业稳步成长。

2. 精耕直播，方兴未艾

作为上海在线直播平台样本，星艾网络始终坚持精耕直播业务，"么么直播"作为旗下主要产品，以"精心、精细、精准、精密"直击直播行业难点，通过多年累积经验打深打透，形成一套具有产品特点的直播研发运用模式。一是精准描绘用户画像，在直播垂类挖掘用户兴趣点，不将用户打赏作为唯一目标，分时间段有针对性地进行推送，实现用户喜好与兴趣打赏良性螺旋增长。二是精心培养主播能力，通过公司累积大数据，组织专业团队迭代形成主播艺术修养、口才锻炼、衣品装饰、心理建设等一系列课程，使主播在盈利的同时能够快速成长，为直播行业输送高质量人才。三是精细运营主播及用户，公司作为平台建设者连接主播及用户两端，及时掌握两端最新变化状态，动态调整运营策略，契合两端合理需求。四是精密研发产品功能，通过对行业发展方向的精准把握，公司跨前研发各类新技术、新功能、新玩法，始终站在行业前端引领行业发展。此外，公司配备专门市场调研人员，探索各类新领域，持续在直播行业研究新可能。

3. 文化传承、培养人才

公司将员工素质培育作为战略抓手，富有大局观地为直播行业培养优秀人才，并为公司持续培养人才储备。目前，公司三年以上员工占公司人数近50%。通过组织团队骑行、竞走，组建公司兴趣社、团队旅游等多种活动，提升公司员工凝聚力，并在活动中寻找灵感。同时，为进一步增强员工和用户安全意识，通过线下组织反电信网络诈骗讲堂、青少年思想教育培训等主题课程，增强员工自身保护意识，并将内容同步上线宣传。在文化直播传播上，结合传统节日，邀请主播身着传统服饰，讲述历史典故等方式，进一步传递中华民族传统文化。

（三）践行公益，传递网络正能量

1. 爱星梦想，助力公益

2021年3月，星艾网络联合上海梦想成真公益基金会成立"ME爱星公益"专项基金，以"直播+公益"为模式，通过自身资源及平台影响力，开展精准扶贫、助教助学、助残扶残、抗击新冠疫情等公益活动。连续两年入选《中国网络表演（直播与短视频）行业发展报告》创新案例，公司正以"ME爱星公益"专项基金为载体，积极向社会奉献爱心，履行企业社会责任，传播正能量，弘扬主旋律，开启公益新篇章。"ME爱星公益"专项基金成立以来，举办公益活动110余次，开展公益直播8000余场，援建援助学校20余所，受益群体超1万人，累计公益支出300余万。同时，借助么么直播平台号召超10万人次参与各类公益活动，通过捐赠救护车、抗疫用品等物资助力上海、河南多地抵御天灾。"ME爱星公益"报道受到学习强国摘录，受中央媒体等公众报道超5000余篇。

公司旗下Me爱星公益基金的公益足迹

2. 陪你读书，伴你成长

2021年以来，由星艾网络合伙人孔杰牵头，星艾网络旗下"Me爱星公益"持续推进"陪你读书，伴你成长"专题公益项目。围绕安徽省金寨县沙河中心小学高牛教学点、沙河乡碾湾小学、沙河威刚爱心小学、沙河实验学校、沙河乡楼房小学、莲花学校、湖北省荆州市麻水小学、江西省赣州市水头村小学开展针对性援助，从"扶知"到"扶智"，通过对学校基础设施改造，课堂硬件升级，定制推荐图书等软

金寨高牛教学点图书捐赠活动

实力迭代，进一步提升地区学生读书模型及学习兴趣。2023年暑期，星艾网络组织地区优秀教师及学生赴上海开展暑期夏令营，瞻仰中共一大会址、造访上海图书馆、参观上海科技馆等寓教于乐活动既树立了正确的价值观及爱国情怀，又开阔了眼界，更感受到星艾网络对学生群体的关爱。

星艾网络将持续贯彻党中央和各级主管部门部署要求，以更加"快乐"的理念、更加"简单"的思路持续精耕于直播行业。站在历史的高点上，星艾网络将稳步打造成为主播百万，日活过亿的网络直播平台，树立全国直播行业标杆，逐步推进海外市场布局，通过直播将中华民族文化传播至世界各地。同时，"Me爱星公益"将继续履行社会责任，围绕青少年教育、乡村振兴、结对帮扶等主题持续开展各项公益活动。

供稿：孔杰

简单可信赖　七牛伴你行

（七牛云）

一、组织简介

上海七牛信息技术有限公司（七牛云）于 2011 年成立，拥有国内领先的一站式场景化智能音视频 aPaaS 平台。总部位于上海，分别在北京、深圳、杭州、武汉、成都等地设有分部，员工 500 多人。

公司专注于音视频领域，深耕企业服务，提供以社交娱乐、视频营销、视联网、智慧新媒体、元宇宙为主要服务场景的 aPaaS 应用服务。并在视频点播、互动直播、实时音视频、摄像头等领域进行深度技术投入，从生产、处理到传输、消费，构建了贯穿音视频全生命周期的端到端智能音视频 aPaaS 服务。截至目前，有超过 100 万的企业客户和开发者长期使用七牛云服务，包括 OPPO、爱奇艺、平安银行、上汽集团等知名公司。

公司是国家高新技术企业、上海市明星软件企业（四新企业）、市科技小巨人企业、"专精特新"中小企业，曾获"上海市科学技术三等奖"，2019 年被评为全球独角兽企业 500 强，连续五年评为上海软件和信息技术服务业百强，2023 年荣获上海市民营企业总部称号。

二、文化理念

愿景：成为新商业文明的创新基石。

使命：缩短从想法到产品的距离。

价值观：简单，可信赖。

经营理念：1.做一个简单的人：拥抱变化，开放协作，专注匠心，怀抱纯粹之心，专注价值实现，朝着目标不断迈进；2.做一款简单的产品：始终坚持以客户价值为导向，快速迭代，努力让用户获得体验最简、品质最高的产品与服务；3.做一家简单的公司：坚持诚信，以社会责任为己任，赢得社会信赖；打造赋能型组织，为每一位七牛人提供舞台，赢得员工信赖。

三、实践做法

（一）追求卓越创新，打造企业文化

1. 创新环境的营造与维护

优秀的企业文化是企业永葆青春活力的基石。走进七牛云上海总部，大多数人都会对其宽松、自由、开放的办公氛围留下深刻的印象。宽敞明亮的现代化办公室，窗明几净的会议室，轻松活泼的头脑风暴室，整洁时尚的员工活动室，无不彰显着现代化互联网公司的朝气蓬勃。公司实行弹性工作制，对考勤打卡不做要求，保障双休，不崇尚加班文化。办公桌旁、会议室里、二楼生活休闲区，随处可见讨论工作、畅谈想法的自由场景，没有"一言堂"的官僚作风，没有上下级的严格束缚，所有人不论年龄、不论资质，只要有想法就可以自由表达、畅所欲言。在这里，想法才是最高的权威。

2. 创新理念的内化与传播

公司一直秉持着追求创新的思想，致力于在不断变化的商业环境中保持竞争力，深知创新是推动公司发展的关键，因此努力创造了一个宽松、自由、开放的氛围，为员工提供了最佳的创新空间和条件。每个人都被鼓励以创新的眼光审视问题和挑战。公司鼓励员工提出新的想法、尝试新的方法，并提供他们需要的资源和支持来实现这些想法。公司相信，任何人都有可能成为创新的推动者，无论是高级管理人员还是基层

员工，每个人的声音都是重要的。公司注重员工的舒适度和工作效率，为他们提供了先进的工作设施和灵活的工作时间安排。除了办公环境，还鼓励员工参与创新的培训和活动，定期举办内部创新研讨会和工作坊，为员工提供学习和分享的机会。同时也鼓励员工参加外部的创新活动和行业会议，与其他行业专家和创新者交流思想，拓宽视野。公司的领导团队以身作则，成为创新的榜样。他们鼓励员工提出问题、质疑现状，并提供积极的反馈和支持。他们致力于打破传统的思维模式，推动公司朝着创新的方向发展。

公司致力于建立宽松、自由、开放的办公氛围，相信每个人都能释放出潜在的创造力，为公司的成功作出贡献。领导团队也将继续努力，不断挖掘创新的潜力，推动公司在不断变化的市场中保持领先地位。

（二）立举多元措施，聚力团队建设

1. 制度规范与流程优化

公司建立了一套完善的团队协作流程和规范，确保团队成员之间的沟通和协作更加高效。通过绩效考核体系，将团队合作作为重要的评价指标，激励员工积极参与团队活动，共同为团队目标努力。

公司设立了创新基金，为员工的创新项目提供资金支持，确保他们有足够的资源将想法转化为实际产品或服务。公司实行创新成果奖励制度，对于成功实施并带来显著效益的创新项目，给予团队或个人相应的奖励和认可。公司鼓励跨部门合作，通过组建跨职能团队，集合不同领域的专长，共同推动创新项目的

产品想法

发展。

2. 活动吸引与文化建设

公司常态化举办各种活动，母亲节、教师节插花、快乐星期五DIY冰淇凌、欢乐亲子活动等等，通过举办各种活动，增强团队成员之间的互动和沟通，促进团队合作和协作能力的提升。同时，不同类型的活动也可以帮助团队成员发展个人技能和兴趣爱好，提高工作动力和满意度。母亲节、教师节插花等活动可以增强员工之间的情感联系，展现公司对员工的关怀和尊重。这些活动可以提供一个放松和愉快的氛围，让员工在工作之余得到放松和享受，减轻工作压力，增强员工的归属感和忠诚度。快乐星期五DIY冰淇淋活动可以激发员工的创造力和团队合作精神。通过共同制作冰淇淋，员工可以互相交流和分享创意，培养团队合作能力。这种活动可以增加员工之间的交流和互动，加强团队凝聚力。各种欢乐亲子活动可以让员工的家庭成员参与其中，增进家庭和工作之间的平衡。这种活动可以加强员工与家庭成员之间的沟通和理解，提高员工对公司的认同感和忠诚度。同时，家庭成员的参与也可以增加员工的幸福感和工作满意度。

除此之外还针对性地进行了各种培训活动，活动可以提供员工个人和职业发展的机会。通过培训，员工可以提升专业知识和技能，增强工作能力。这种活动可以激发员工的学习热情，提高员工的自信心和职业发展意愿。同时，培训活动也可以加强团队内部的知识共享和协作，这些活动可以增强团队的凝聚力和合作能力，提高员工的工作满意度和忠诚度，促进整个团队以及个人的全面发展。

（三）极致匠心信念，践行企业责任

1. 开创实训先河，探索改变发生

自2022年起，七牛已累计面向1579位大学生朋友们，举办了两届1024创作节。公司期望"改变从校园发生"，期待与大学生朋友们一起用工程实践的方式，开展技术交流，用工程创作的方式，赋予1024更深

1024 创作节

刻的意义。

实训营由七牛云 CEO 许式伟亲自督导、七牛资深技术 leader 与 Go+ 贡献者参与日常带教。一起对话大佬，探讨技术人成长之路、启迪自身职业发展思考。实训营除了面向内部实习生深度开展，还将公益开放所有培训内容的公开直播课。公司怀抱利他之初心，希望每一位参与进来的同学，都能在实训过程中精进工程实践之"术"，初窥工程实战之"道"。除了项目任务推进，七牛云将不定期结合实训中 code review 案例，让大家理解什么是良好的工程开发习惯，什么是良好的架构思维。公司也不局限于工程范围，将通过一部分的内容让人家明白好的产品应该长什么样、商业化策略应该怎么做。

许式伟针对实训营提到："我们最希望让同学们收获的，是匠心，是极致追求的信念，这也是我认为最重要的一点。如果你真的感受到了极致追求的思想，你将收获一生。本质上，人和人的差距源于极致追求的程度。"

七牛延续这一理念，每年都开启新的探索与尝试、产生新的火花与碰撞，为新一代技术工作者的未来技术发展道路打下良好基础的同时，还为毕业生们提供了更多职业发展选择和机会。

2. 党建引领公益，聚力回馈社会

中共上海七牛信息技术有限公司支部委员会成立于 2016 年，共有党员 48 名，其中在职党员 27 名，流动党员 21 名，均为本科学历以上。支部由党支部书记、组织委员、宣传委员组成。支部积极组织各类学习活动，注

重制度建设，强化党员管理，紧密结合企业实际，积极探索企业党建与生产经营、企业文化有机结合的新途径，帮助和引导员工树立正确价值观，营造不断创新的企业氛围。

七牛云支部积极参与浦软第二党支部的党建共建活动，赴金杨社区开展

文化活动中心

爱心助残服务；2020 年，在疫情发生初期，公司克服困难，先后采购了价值 14W 元共 3000 副医用护目镜定向捐赠至武汉各级医疗机构。2021年七牛云党支部通过线上对接云南地方，以党建助农的方式采购春节大礼盒，共计 2350 件，总价值 230300 元；2023 年再次以党建助农的方式回馈大地的腾礼，向云南怒江福贡亚朵村石月亮红茶定制礼盒；订购数量 1800 件，总价值 144000 元；过去三年间，七牛云党支部联合"北京仁爱慈善"公益组织，号召党员同志带动其他员工先后向新疆捐赠 1000多件衣物，价值 4.3 万余元，通过党建引领公益，传播光芒与温暖。

供稿：陶芬

Soul App：让多元化的用户及文化在社交元宇宙的世界中传承

（Soul App）

一、组织简介

上海任意门科技有限公司成立于 2015 年 6 月，公司旗下产品 Soul App 是国内率先使用 AI 技术解决人与人的连接需求的社交平台，公司员工总数 1500 多人，其中本科及以上学历超 60%，2023 年营收达 17 亿元。

2023 年正式上线自研语言大模型 Soul X，垂直应用于平台上多元社交互动场景，例如智能对话机器人"AI 苟蛋"、AI 辅助聊天、虚拟陪伴等诸多工具和创新功能，进一步丰富平台用户的社交体验，已然为中国新型社交行业第一梯队企业。累计注册用户超 2.5 亿，其中 Z 世代用户（95 后）占比达 78.4%，日活在 1100 万左右，月活在 3300 万左右。

公司自 2021 年起相继获得上海高新技术企业、上海专精特新中小企业、上海市民营企业总部、上海市企业技术中心、张江之星等荣誉。

二、理念系统

使命：与用户共建以 Soul 为链接的社交元宇宙，通过不断提升归属感来获得幸福感。

愿景：让天下没有孤独的人。

价值观：创新、高效、思考、协作。

三、实践做法

（一）以文化人，共建平等善意的温暖星球

1. 适应年轻化，增强协作性

Soul 目前员工整体平均年龄在 26 岁左右，是一个集活泼、开朗、想象力、潮流一体的互联网平台。作为一家新时代年轻的互联网平台"花名文化"是年轻公司的标签之一，在 Soul 基本听不到某总这一称呼，更多的则是"某哥、某姐"及更具亲和力的花名；扁平化的制度让员工能在跨部门沟通之间没有太多级别上的压力和忧虑，减少了沟通成本，增加协作效率。

2. 倡导学习型，丰富知识点

永不止步的学习也是当代年轻人的工作态度，公司开设了"星球魔域"（线上学习平台）能够让许多同事们在本职工作之余，从来自不同部门的大牛及大佬们那里学到崭新的知识点，扩宽自己的专业知识和技能。每年公司进行员工手册的更新，纳入公司依据新形势新情况作出的战略调整以及与之相配套的目标任务和年度计划，从战略目标、使命愿景及价值观的层面组织员工进行学习和讨论，坚定业务增长和公司发展的决心和信心。

企业文化活动

3. 推出 OKR 制，树立新标杆

绩效考核和奖励是每个 Soul 星人最密切关注的点，"OKR 制度"是

目前公司从目标和业务成果多维度的评分，让部门负责人能更清晰地了解组员近期及全年维度的工作情况及表现，也是升职加薪的重要依据；而对于分数出众的 Soul 星人们，在考核之外每半年一次的"这很 Soul 样"荣誉称号评选，更是一个狂欢盛典，得到称号的小伙伴们不仅能得到实质的奖励，还有大佬们的亲自颁奖。

最后，工作并不是生活的全部，适当的文化活动能让员工更加的"燃"（当然是不占用下班时间的），公司定期举办各类企业文化活动加强跨部门之间的联动，例如客服体验官、吐槽大会、教师节、1024 程序节等等，轻松之余能结交更多朋友，拿到丰富的礼品。

（二）以文塑魂，以社会主义核心价值观引领 Z 世代健康社交

1. 让传统文化在元宇宙的世界中沉淀

Soul 始终将传统文化及正能量内容作为站内重点宣传方向，在广场的推荐功能上不单单使用技术手段进行算法推荐，更是会人工筛选出含有文化内涵的帖子进行推荐。以"兴趣"、"爱好"为交友方式的 Soul，渐渐地聚集了一大批喜爱国学文化的用户，他们也在官方的推波助澜下渐渐影响着其他用户感受传统文化的魅力，不知不觉间在 Soul 掀起了国潮风。

Soul 联合中国文物交流中心、河南博物院、河南博物院华夏古乐团共同打造"国风雅　遇知音"系列在线活动。在 Soul 站内用户可通过话题参与国风共创作品/分享对中华文化的理解，并邀请华夏古乐团团长、古乐专家在群聊派对科普古乐谱修复、乐器文物的考古趣事等；站外与华夏古乐团用古乐改编逃跑计划代表作《夜空中最亮的星》发布 MV，通过古乐新音引发大众对古乐器文物的关注，并举办国风跨界星光演奏会。

Soul 还在站内建立 SSR 达人机制，通过一系列资源，挖掘、培养、扶持更多热爱生活、真实表达的优质原创内容创作者，建立更优质

的用户生态，通过圈层社交引导正向价值观。区别于其他平台的KOC、KOL，Soul以去中心化的算法为主，其SSR和用户之间是更加平等的关系，可以更好地互动、沟通，并能更好地成为品牌与用户之间的"桥梁"。

在2022年Soul响应上海网信办"争做中国好网民　上海网民在行动"，通过纪录片《善意日记》展现Soul温暖用户群像，以Soul用户故事为原型，展现在Soul上发生的"素未谋面的善意"，收集了《100个善意故事》围绕"安全可信"的品牌心智，利用真实的正向用户故事展现Soul上年轻人积极向善的精神面貌，以及倡导更多年轻人善意温暖的价值观。

2. 发挥党员作用筑建互联网红色港湾

"无私奉献、及时响应号召"是每个Soul星党员们的共同担当，在2022年疫情期间，所有居家办公党员及其余全体员工自发在各个街道担任志愿者，并取得了颇丰的回应。例如松江区中山街道茸树居委会云著深蓝小区参与政府保供物资和社区团购物资的接收及发放；积极帮助社区内老年人及不方便人士，将紧要的物资及药物资源一对一进行上门配送；也有在浦东新区东明路街道，负责维持核酸检测的秩序，帮助老年人弄核酸登记码等。除了投身于一线进行志愿服务以外，任意门党总支与上级张江党委积极配合，联合辖区内多家企业党组织成员向周浦镇街道捐赠了大量的抗疫物资如防护服、口罩、酒精喷雾及免洗消毒液等，物资于2022年4月下旬成功配送至街道；设立"红色港湾"，让流动党员们能找到温暖的归属地，同时开展面对面交流会、红色观影、优秀党史专家授课、读书交流会等活动，让党员同志们能在工作之余在思想上进一步学习最新的精神，也能在各类活动中缓解工作疲劳。同时由6名高管组成的党总支班组成员也秉持着把优秀员工培养成入党积极分子、把优秀党员培养成公司核心干部的理念，让公司业务紧跟党的最新方针

团建活动

路线。

（三）以文守正，服务站内用户，践行企业社会责任

Soul App 自成立之初便始终致力于在青少年保护、社会公益及网络环境等方面加强企业自主责任落实，也明确了公司在社会中应尽的责任与义务。

1. 护苗工作站——青少年的庇护所

他是独属于 Soul 的特色模式，力求在给予青少年多方位的全面保护的同时，使其受到更好的网上学习教育。公司针对产品内的未成年用户，会提供明确提示（头像中小绿苗标识）。如某用户的聊天对象为未成年用户，则该用户会收到"对方为未成年"的提示及"对其进行骚扰需承担法律责任"的警告等。同时公司强制现有的未成年用户在使用时先进行答题，从而引导并规范其行为、增强其自我保护意识，让未成年用户了解到产品整体氛围是温暖、善意、绿色的，鼓励表达自己、与他人友好交流的行为，不鼓励网恋、"奔现"等行为，坚决抵制色情、暴力等行为。最后为加大未成年保护宣传，所有 Soul 用户每日首次进入 App 时，均会在进入广场前在首页接受"青少年保护"相关提示弹窗，并在此处插入"青少年模式"说明供用户查阅了解。用户需阅读完毕后点击"我知道了",方可进入 App。

2. 公益活动——反馈不局限于捐赠

Soul 作为一家互联网平台企业,也积极参加或组织社会公益活动。在 2020 年初疫情席卷全国时期,Soul 整合了人民日报、新华社、第一财经商业数据中心等多家权威媒体和机构的相关讯息和内容,上线了"共同战疫"的活动专区。为用户及时提供迅速、正确、有效的疫情信息,普及疫情防控知识,助力科学防疫。Soul 还举办了"错袜日"活动,通过"穿两只不一样的袜子"的形式来表达对自闭症、脑瘫、智力障碍

博物馆元计划——国风雅,遇知音活动

等弱势群体的接纳,为生而不同勇敢发声,共创一个与 Soul 所代表的"多元、有趣、真实"的社交元宇宙品牌概念相匹配的多元包容世界。

3. 携手共建——优良的网络文化环境

Soul 积极打造绿色健康的网络安全环境,持续致力于提升用户安全舒适温暖的社交体验,履行平台责任,坚持与各方共同努力营造风清气正的网络社交环境。目前,Soul 利用大数据和人工智能等技术,通过强化文本、语音、图像和视频等媒介的信息识别能力,为全链路风控提供支持。针对不法分子常用于伪装身份的图片,Soul 自建网图人像黑库和诈骗犯文本器模型,对大量引用网络自拍、炫富图片发布信息的账号进行识别和封锁;此外 Soul 设置"Soul 反诈中心"防诈骗宣传与帮助账号,定期对违规账号进行封禁处罚公示,介绍各类典型诈骗案例,并提

供反诈骗咨询，帮助用户增强反诈骗意识；最后联动工信部、网信、公安等权威机关，共同铲除不法活动栖身的网络温床。在有关部门的技术指导下，Soul 成立了反诈专项小组，积极推动联防联控机制，形成打击合力增强防范治理效果。

供稿：施页楠、刘锡洋、冯文豪

爱在上海热线

——打造"最上海的热线"，在上海，爱上海

（上海热线）

一、组织简介

上海热线信息网络有限公司成立于 1996 年 9 月 22 日，为有限责任公司，现有员工 80 多名。多年来致力于为广大用户提供网络媒体及应用服务、电信业务的电子商务和客户服务。

上海热线目前拥有官网、两微一端等发布平台，提供包括新闻、体育娱乐、消费财经、汽车教育等各类信息内容。多年来，上海热线参与报道多场重大活动及会议，包括：上海车展、电影/电视节、旅游节、世界人工智能大会、中国国际进口博览会、智慧工匠评选、智慧城市论坛等。2018 年起，"5G+直播"概念逐步拓展，上海热线也为各行业用户提供多种类型的直播业务，包括高清直播、VR 直播、多视角直播和对应的拍摄、录制、剪辑等服务。

上海热线连续多年荣获上海市优秀网站、文明网站称号，并获得国家互联网信息办公室颁发的中华人民共和国互联网新闻信息服务许可证、国家广播电视总局颁发的广播电视节目制作经营许可证等多项证书。近五年，获得计算机软件著作权证书三十余张。

二、理念系统

上海热线是最上海、最本地的媒体；在魔都，爱魔都，为魔都发声。公司的理念是全力打造"最上海的热线"，在上海，爱上海。

多年来，上海热线在深度本地化方面持续挖掘、深耕，可以说，上海热线是最知晓这座城市、最了解上海人民的媒体之一。网站内容方面，博采众长，针对同一内容整合多信息渠道，梳理逻辑并加以展现；分类方面，根据魔都市民偏好行为，将热透、新闻、侬好等入口整合；广告展示方面，设立多个板块、多个层次的展现方式，灵活多变。

三、实践做法

上海热线通过加强企业文化建设，进一步营造良好的环境，提高员工的文化素养和道德水准，对内形成凝聚力、向心力和约束力，为企业的发展提供精神力量和道德规范，使员工明确企业价值观的内涵及外延。本文通过企业开展文化建设和员工的身体力行、模范带头，一窥企业文化的力量和作用。

（一）围绕员工开展宣贯活动，构建强大的团队凝聚力

上海热线在文化建设中，不搞花架子，通过实实在在的具体措施，推进价值理念的"落地"。

1. 个性化员工墙带来的团队集体价值共识。作为一家已经成立 28 年的老品牌互联网企业，公司对于企业文化建设这方面颇为重视。网站进门处设立了员工照片墙，过往的文化墙的作用主要是单方面的展示公司发展历程，随着企业文化建设的深入，互动性越来越被看重，热线的"员工墙"的内容也呈现出丰富多彩性，员工可以在墙上贴上自己喜欢的照片，可以是生活照、旅游照、也可以是和自己心爱的宠物合影等，看起来与众不同，也让单调的办公环境更有层次感，更有亲切感。

2. 开放的总编辑信箱畅通了上下级之间沟通。为了完善公司建议体

系，拓宽员工建议渠道，规范意见管理工作，维护公司声誉不受损害，保障员工合法权益得到合理对待，及时发现和解决问题，给员工以正确的疏导，增强企业的凝聚力，营造和谐、公平、公正的管理氛围，员工可以在 OA 系统中以邮件的形式将反映问题直接交给网站总编辑。反映的问题可以是与工作有关的，也可以是生活或者其他方方面面等，总编辑都会亲力亲为，亲自回复或者协调解决相关问题。

3. 在多样体育活动中充分调动员工积极性。网站一贯重视员工身心健康，把提高员工身体素质作为增强团队整体素质的重要环节，始终将关爱员工身体健康作为一项重要的日常工作来抓。网站关心员工的身体健康，不仅是对个人负责，更是对家庭，对企业，对社会负责。网站在

参观上海新开的天文馆

健身角活动

关爱入职十年以上员工

办公区域单独辟出了一大块空间，摆放了各类健身器材，方便员工在休息之余还能强身健体，以充满活力的体魄，迎接挑战。从而增强企业的凝聚力和向心力，为营造和谐、健康的企业氛围奠定了良好的基础。网站还不定期组织员工参加上级公司举办的各种体育活动，包括篮球、羽毛球比赛等。网站给予参赛队员最大的支持，为参赛员工在赛前有计划、有规律的培训过程中合理安排、调动了工作时间，减轻了参赛员工的工作压力，并给予及时的慰问，全力支持各类比赛的举办。正因有了全网站的倾心支持，摒除了参赛员工的后顾之忧，屡屡创下佳绩。

（二）发挥员工主观能动性，在岗位奉献中展示价值观

员工小陈响应公司要求及时补位，勇于担当，克服各种转型产生的陌生与不适应，承担起安全生产、员工培训及福利、行政办公采购及报账等各项工作；该员工平时工作认真负责，责任心强，为人积极热情，除做好本职工作外，主动承担工会工作任务，主动发现他人困难，尤其在工作环境劳动防护上，发挥个人IT、摄影、善于沟通与团结等特长，以解决问题为目标，帮助他人并为他人服务；同时兼顾原工作项目，不惧繁重，继续做好产品及投诉工作，直至同伴完全接手；他还积极配合办公室和工会关心员工及困难员工、不断给予鼓励和关爱，及时反映员工诉求，尽自己最大的能力帮助处理。

员工小刘工作认真负责，在各个阶段出色完成手上的工作，将交流学到的知识应用在工作中，先对目前热线具备的产品和能力进行梳理，并积极推动包括招聘平台在内的新产品上线。热线原创栏目"魔都在线"产品上线，其主要负责产品运营相关工作，包括：梳理目前可复用在平台上的资源以及魔都在线后续运营计划等。此外，在党务工作中作为热线支部委员，主要负责上海热线党支部宣传工作，出色地完成各项党务工作，在党建工作期间，结合上级党组织下发的各项材料，通过勤探讨、勤询问，从优秀党员身上吸取党务工作经验，很快熟悉掌握了党务工作业务知识。其所负责的上海社保微信公众号线上运营党员攻坚项目，针

对五个特困行业实施阶段性缓缴企业社会保险费政策策划系列专题，单篇原文阅读人数超过 20 万，转发 10 万 +，并得到上海人社局官方公众号"上海人社"及"上海发布"原文转发，累计阅读人数过百万；并汇聚企业和用户关心的落户、人才引进等相关政策解读并形成专题，方便用户一键检索和获取信息，专题上线后累计用户突破 20 万；此外，还针对人才和社保两个中心的线上业务办理流程重新梳理，从菜单入口新增用户超过 5 万，日点击破千次。

（三）作用体现

1. 展示上海的文化底蕴"魔都 100"系列。近年，上海热线成立了原创栏目"魔都 100"，由魔都人物、建筑、老字号三个部分组成。编辑人员通过边寻访边撰写的过程，将文化和产品相结合，对上海本地老字号、历史建筑及标志性人物等内容的探索，让用户能够更加深入地了解上海本地历史文化风俗等信息。栏目年度输出 144—240 篇原创报道，12—24 篇深度原创报道，现有内容近千篇，从不同角度展现了上海历史文化等变迁。通过与上海老字号品牌的共同策划合作，结合品牌特色及产品特点，进行有针对性的采访、拍摄及内容编辑、线上线下活动、品牌体验等，老凤祥、雷允上、松鹤楼等都通过这个热线平台加强企业宣传，相辅相成，相得益彰。魔都 100 系列根据内容主线的不同，规划针对不同人群的魔都游览、线下体验、一日游等线路，让人们更加了解魔都、热爱魔都。

2. VR 拍摄建党 100 周年"红色足迹"系列。上海热线为各行业用户提供多种类型的"5G+ 直播"业务，包括高清直播、多视角直播、慢直播和对应的拍摄、录制、剪辑等服务。在中国共产党成立 100 周年之际，上海热线运用先进的 VR 技术对中共一大、二大、四大会址进行了拍摄制作，打造云上展览，同时利用合作场地资源与 VR 投影互动技术将展馆带到了线下，与各地群众互动宣传。相较于传统的宣教模式，它为党员学习和党建教育带来一抹清风，全方位立体生动地还原了建党历程，让历史书本中的图画和文字"活起来"，让人更加深切感悟党的艰辛历程，凝心聚力，锤炼党性，提高素养。作为时代潮流下的红色教育新方式，使用此类技术带来了全新的视听冲击，起到更好的宣传效果。上海热线充分利用周边红色文化教育基地，为党员创造更多参观学习的机会，借助红色文化基地，为企业党建构筑坚强的红色文化教育阵地。在这个过程中，通过文物、口述史、纪念馆等红色文化物质载体，广大干部员工能将光荣的革命传统与现代企业发展相结合，将革命历史精神与当今时代精神相结合，促进他们在思想境界上不断提高，更好地投入岗位工作。

3. 体现企业社会责任的公益宣传活动。上海热线长期积极参与公益宣传的投放，在网站首页重要位置进行宣传，充分体现了企业的社会责任感；在日常工作中，积极刊发市文明办的宣传通稿，并做好相关传播工作。这也是展示企业文化的一种途径。公司深刻体会到只有维护好社会大环境，才能保企业小环境，只有对社会有责任，才能成为合格的社会成员。企业除了需要承担经济责任外，还要承担一定的社会责任，尤其是国有企业，必须承担对国有资本保值增值的责任，处好国计民生和把好经济命脉。作为上海本地网络老品牌，上海热线提倡社会道德责任，积极推动公益思想的传播，通过长期刊发公益广告，规范人们的行为，营造良好的社会风气。

供稿：张莹、万筱薇

与通信人相伴随　和行业共同成长

（荧通网络）

一、组织简介

上海荧通网络信息技术有限公司成立于 1999 年，主要运营的网站是 C114 通信网（www.c114.com.cn）。总部位于上海，另有北京分公司、武汉办事处。

C114 通信网是国内成立时间最早、影响力最大的通信行业媒体，是通信及 ICT 领域专业的信息平台，为用户提供行业咨询、求职信息、学习交流等，为企业提供广告宣传、专题策划、稿件撰写、拍摄制作、会议、直播等全案解决方案。"通信人家园"（又称 C114 论坛）是行业读者技术学习交流社区，成立 20 多年来帮助一代代从业者，从校园到职场，获取知识，促进交流，分享智慧。

C114 通信网多次获得上海市优秀网站和优秀网站提名荣誉。长年获得本行业通信运营商、设备商、行业展会、行业协会等颁发的各类荣誉奖项。大部分通信行业会议活动都和 C114 展开过合作。

二、理念系统

使命：助力中国通信业的繁荣发展。

愿景：做通信行业资讯传播的纽带，凝聚行业智慧，推动行业进步；运用丰富的展示形态，打造新型行业媒体的标杆。

核心价值观：不求唯一，只争第一。保持初心，保持创新。

三、实践做法

上海荧通网络信息技术有限公司是国内通信行业资讯传播领域和专业社区领域的金字招牌，其知名度和美誉度始终位居业内前列，受到行业读者和企业客户的认可。

（一）C114 和通信人共同成长

C114 的"通信人家园论坛"从 2002 年创立至今，已经积累了 100 多万行业注册用户，他们都是一个一个的具体个体，汇聚成抽象的"通信人"，有的在通信运营商工作，有的在设备商工作，有些一步步走到了领导岗位，更多的还在一线保障线路畅通。

1. 通信学子小张和 C114 论坛的故事

小张是一位通信工程本科学生，在导师的推荐下认识论坛。小张到论坛里的资料板块找资料写论文，临近毕业季，他在论坛发帖，向前辈们咨询求职经验，很多热心同行前辈会给他留言回帖，帮助小张了解自己即将入职企业的情况。小张在毕业几年后，迅速成为企业的骨干，他也积极分享对技术和市场的思考，帮助学弟学妹们，C114 的论坛为小张们搭建了一个交流学习的平

上海荧通获得奖励，捐资助学等

台，帮助通信人走向社会，进入企业，服务行业，做好人生的转型。在此期间，通信人们和 C114 建立了信任和情感，也让通信人家园具有大家庭般的温暖。

2. 通信人陈专家的连载之路

通信人家园有很多牛人写连载，陈专家就是其中之一，他从 2010 年开始发第一个帖子，至今已经有 11200 层楼。看过陈专家这个《深入浅出通信原理》帖子的论坛读者累计达 1421 万人次，共有 11184 人次回帖留言。几年前，经过 C114 的牵线搭桥，清华大学出版社将此文付梓，又引发了一阵当年读过此帖的网友们的签名购买，既是学习也是情怀。很多和陈专家类似的通信人在 C114 论坛挥洒才情，有入围茅盾文学奖创作了电信业激流三部曲《天下》《洗牌》《命门》的作者年老师，有《通信之道——从微积分到 5G》的作者老杨，访问量都是百万级，回帖都是数千层楼。很多作者边写边和网友交流，也可以说作者和网友们共同完成了作品。通信人们在 C114 共同谱写了繁荣通信历史文化的乐章。

3. 通信人冯先生的希望之路

2014 年 10 月 23 日，通信人冯先生发帖求助，他的宝贝女儿得了大病，家里困难，希望网友帮助，C114 立即启动调查机制，请相关省市的论坛同行提供求助人信息的真实性，确认真实后马上组织置顶信息，短短几天，网友的捐款就达到六万多元，助力孩子顺利完成手术。2016 年 2 月 14 日，孩子病情复发，C114 再次组织募捐，C114 还派代表带内部员工募集的捐款专程去北京八一儿童医院看望，当天得到好消息，孩子和母亲配型完全吻合，2016 年 6 月 15 日，孩子顺利出院。如今，女儿已经是大姑娘了，小冯也成了老冯。冯先生忘不了和通信人家园的网友们一起坚持和病魔抗争的那两年，303 万人次访问，588 层盖楼，众多通信普通人的点滴捐款。类似的暖心故事在通信人家园还有很多，这里是陪伴更是带来了希望。（C114 网友们还在云南四川捐助过 3 所希望小学，资助过很多贫困孩子，5·12 地震组织车辆和捐款捐物等等，爱心和责任是通信人家园的一部分。）

（二）C114 和通信企业共同成长

通信行业作为改革开放后发展最快的行业之一，近些年更是诞生了一批国际顶流企业，作为中国通信行业发展的见证者，C114 早在 2002 年就和中兴通讯建立了合作关系，2004 年又和华为签约；华为和中兴作为当今全球排名第一和第四的两家来自中国的通信企业，通过 30 年的艰苦奋斗、将中国的通信行业从寂寂无闻做到遥遥领先，C114 也陪伴了客户 20 多年，风雨同舟，一路相随。每年几千篇行业稿件，包括了行业分析、人物访谈、专题报道、产品和展会等等，有独家的原创内容，有兼职供稿团队，有论坛里海量的 UGC（用户产生内容）实时热帖，是通信行业和泛科技领域的头部垂直入口。C114 不仅报道中国通信企业在国内的蓬勃发展和在海外的艰难创业，也积极介绍全球的通信企业情况，比如爱立信、诺基亚、高通、英特尔等等全球知名企业，见证了他们参与市场化改革的一个个脚印，也见证了中国扩大高水平对外开放的成长历程。

1. C114 和华为的故事

通信线路对灾区来说是生命线。在 2008 年 5·12 汶川地震发生后，通信全行业紧急动员积极展开行动，华为全力参与抗震救灾。C114 第一

通信人家园的网友连载和出版

时间与华为密切沟通，了解前线第一手消息，在其他媒体尚无抢通相关内容时，就已开始发出一系列报道。更是在 5 月 19 日撰写了一篇题为《华为为抗震救灾做了什么？》的深度报道，对华为在地震后的种种举措进行了全面而兼有特写的描述，既向外界反映了通信行业在抗震救灾中作出的巨大贡献和大爱精神，也以华为为代表树立了一个标杆，鼓励更多通信人参与到这场大行动中。这些报道起到了相当大的行业影响，当时被不少网媒转载，也得到了华为方面的高度认可。自此以后 C114 与华为的联系与合作更为紧密，成为双方二十多年风雨同舟的一个关键里程碑，曾经一度 C114 的文章在华为官网新闻中占到三分之一到一半的比例。

2. C114 和中兴通讯的故事

在超过 20 年的合作中，C114 与中兴通讯共同经历风雨，见证了中兴通讯成长为全球四大通信设备商之一。尤其是 2018 年，中兴通讯遭遇美国无理制裁，生产经营一度陷入困顿，C114 在长达 3 个月的时间里持续不断发文声援，让产业界看到了美国的蛮横、看到了中兴通讯的努力、看到了中兴通讯员工的信念、看到了中国通信产业链面临的挑战，其中有多篇"10 万 +"报道，产生了广泛的行业影响力。直到最终危机解除，中兴通讯重返市场，C114 跟踪报道产业合作，让产业界看到了不断奋发向上的中兴通讯，此后在中国 5G 成为全球领军者的过程中发挥了重要作用。

3. C114 和通信行业外企的故事

爱立信、诺基亚、西门子、阿尔卡特、摩托罗拉、朗讯等通信行业知名外企，是中国通信业的第一批掘金者。C114 作为产业观察者，一直予以了充分关注，为通信外企熟悉中国市场、为中国产业链了解通信外企并展开合作搭建了稳固的桥梁。二十多年来，通信外企逐渐重组、整合形成了爱立信、上海诺基亚贝尔，C114 始终通过密切合作，让通信外企了解中国通信行业政策变化、中国通信市场的光明前景，帮助通信外

C114 和华为共同成长

企扎根中国、服务中国、从中国走向全球，助推通信外企成为中国通信产业链发展壮大的重要一环。

（三）C114 和行业媒体模式创新共同成长

1. 首开互联网通信细分领域门户之先河

C114 成立之初，国内大部分行业媒体还是报纸和杂志，用户需要去邮局订阅或去图书馆借阅；因为用户量太少，当时的书报亭基本不卖这类专业刊物，网上信息基本没有；C114 将繁荣通信业作为自己的使命，从零开始，先选择和纸媒合作，最初用打字输入方式将信息输入到网上，有些复杂公式打不出来需要扫描；后来输入方式进步了，以扫描输入为主；2002 年后逐渐和新浪、搜狐等四大门户网站合作，互相交换转载信息，成为中国互联网历史上第一个通信细分领域门户，代表着当时最先进的传播模式。

2. 见证中国互联网 2G 到 4G 的黄金十年

Web2.0 时代来了，BBS 也叫论坛，后来叫社区，本质上相对于上一代互联网传播形式，增加了互动性，相当于随时随地可以编读往来，读读往来，内容一时间空前繁荣，C114 论坛后来独立改名为通信人家园（www.txrjy.com）；最高峰每日 5000 多新贴，从 2003 年后的十年，也见证了中国通信业从 1G 空白、2G 跟随，3G 突破 4G 并跑 5G 引领，其间从 2G 到 4G 的黄金十年。

3. 努力打造中文通信领域新型行业媒体的标杆

从 2010 年后，随着 4G 时代的到来，移动互联网萌芽，2012 年左右智能手机时代来了，C114 积极拥抱新时代，2009 年加入了微博，2011 年开通微信公众号，最近的十年，是传播形式翻天覆地的十年，带宽的廉价，带来了视频流媒体的繁荣，C114 也开设了视频号、抖音号等视频账号；AI 应用方面，将人工智能应用于论坛审核的初筛环节，节约了人力提高了效率，AI 技术还让一些栏目，比如"通信百科"更加完善强大。C114 的文化是保持初心、保持创新，在科技日新月异的今天，一直紧紧把握互联网传播形式的创新，将繁荣行业的初心和媒体发展的创新相结合，打造中文通信领域新型行业媒体的标杆。

供稿：汪淏

客户为先，提供极致服务

（UCloud 优刻得）

一、组织简介

优刻得科技股份有限公司（以下简称"UCloud"）是上海本土成立和发展的一家民营企业。得益于国家好的产业政策，以及上海市和杨浦区一流的营商环境，优刻得自 2012 年成立以来发展迅速，已经成长为国内领先的云计算公司。

公司自主研发 IaaS、PaaS、大数据流通平台、AI 服务平台等一系列云计算产品，并深入了解互联网、传统企业在不同场景下的业务需求，提供公有云、混合云、私有云、专有云在内的综合性行业解决方案。依托公司在莫斯科、圣保罗、拉各斯、雅加达等全球部署的 31 个高效节能绿色云计算中心，以及国内北、上、广、深、杭等 11 地线下服务站，UCloud 在全球已有 5 万余家云服务消费用户，间接服务终端用户数量达到数亿人。

2020 年 1 月，UCloud（股票简称：优刻得，股票代码：688158）正式登陆科创板，成为中国第一家公有云科创板上市公司，同时成为了中国 A 股市场首家"同股不同权"的上市企业，开创了中国 A 股资本市场及公司治理的先河。

二、理念系统

愿景：成为一家受人尊敬的云计算公司。

使命：用云计算帮助梦想者推动人类进步。

价值观：客户为先、勇于担当、自省独立、拥抱挑战。

成为一家受人尊敬的云计算公司是优刻得的愿景，用云计算帮助梦想者推动人类进步更是公司一直坚守的使命，客户为先、勇于担当、自省独立、拥抱挑战是公司的价值观。优刻得创始人兼 CEO 季昕华每次在新员工培训时都会强调："我们是服务创业公司起家，不管客户大小，不能忽视每一位客户的需求。"以客户为先，提供极致服务，贯彻到了优刻得每一个层级每一个员工的日常工作和思考。

三、实践做法

（一）坚持以人为本，创立良好的企业文化环境

企业文化环境建设是企业文化落地的重要形式，优刻得始终重视企业文化环境建设，公司将各项活动作为搭建企业文化的形式载体，持之以恒地宣传、教育和灌输，为公司发展提供了和谐稳定的文化环境。

1. 鼓励员工学习进步，激励团队奋发进取。优刻得致力于让员工了解自身在企业中的价值贡献状态，清晰自身职业发展方向，促进员工学习进取，扎实技术基本功，激发员工开拓创新，为生产营造良好的上进协作氛围。同时，按季度开展季度奖评选，激励前、中、后台优秀项目，

文化打卡 1

增强员工服务意识，凸显员工优秀品质，树立服务榜样标杆。

2. 举办各类有益活动，提升员工向心力和积极性。公司每年举行公益马拉松、趣味运动会、篮球赛、足球赛、乒乓球比赛等各类文体活动，激发员工活力，增强员工的凝聚力与企业向心力。同时，开展了赴敬老院赠花慰问、向偏远地区学校捐赠电脑、旧衣捐赠等各类公益活动。公司全力支持全国通信行程卡运营，累计查看达 700 亿次。疫情期间，优刻得积极调动各方资源，在全球范围内寻找渠道，采购前线战"疫"专用医疗物资。2020 年 1 月 31日，优刻得协调捐赠的包含 500 件杜邦最高级别的防护服在内的 57 箱物资成功运抵武汉，并在一个小时内成功配发到武汉市第一批发热定点收治医院

文化打卡 2

之一的武汉市第七医院投入使用。同年 2 月 5 日，优刻得在美国采购到共计 50 箱 1250 套杜邦 TYVEK800 进口医用防护服转运至上海市公共卫生临床中心。

3. 体现人文关怀，推出"让人触动"的关心措施。公司推出每年 5天带薪病假、员工＋父母体检、员工＋子女商业保险、春节假期外额外增加 2 天团圆假、生日当月带薪休假一天，以及组织团建活动、年中旅游等。优刻得通过各项活动将文化外化于形，让每位员工都能耳濡目染、潜移默化地理解公司良好企业文化的熏陶，将价值理念内化于心，达成思想共识，使看似无形的企业文化固化为"看得见、摸得着、可操作、可衡量"的视觉文化，在潜移默化中提升了企业品牌形象，进一步增强了企业文化的穿透力和影响力。

（二）贯彻新发展理念，加强技术研发联动作用

优刻得始终坚持科技创新，鼓励奋战技术研发一线的年轻员工们保持锐意进取的精神风貌，不断增强科学发展本领，善于贯彻新发展理念，开创发展新局面。

1. 深化技术探索，用创新推动企业发展。公司鼓励员工以积极向上的心态面对一切挑战与变革，并在不断的变化中进行改进优化，以不甘于墨守成规、一成不变的精神实现自我提升和突破。2022 年，公司技术团队完成了四层网关平台项目，重在满足客户对于高性能的需求，解决网关类产品长期以来困扰的运营上的问题，包括性能退化、观测性不足等。项目攻关团队花了不少精力完善测试、迁移、拨测等各种辅助系统，保证了成功率，最终基本完成了香港部分的上线计划，迁移了两万多个GW。总体来说，2022 年四层网关完成了 0—1 的过程，生产能力也在香港得到了初步验证。

2. 坚守"中立安全"，提供可靠、高质量的云服务。作为国家工信部认证通过的"可信云"服务商，优刻得致力于提供安全可靠的企业级云服务，这包括云主机、云服务器、云数据库、混合云、CDN、人工智

2023 云梯培养计划

能等多种服务。公司始终坚持不涉足用户业务，专注于提供云服务，确保客户数据的独立性和隐私性。这种中立的立场有助于建立客户信任，因为它保证了客户业务的自主性和数据的安全。

3. 高度重视自主研发，组织关键核心技术攻关。优刻得坚持在关键技术领域进行自主研发，推出公有云、私有云、混合云、边缘云等全线云产品，以满足不同客户的需求。公司响应国家战略，与合作伙伴共同推动智算中心的国产化进程，依托国内企业的技术和知识产权，提升自主创新能力，助力构建自主可控、安全可靠的现代化产业体系。同时，在全球多个地域拥有可用区，优刻得构建了云网融合、安全稳定的数字信息基础设施，为各行业用户提供全面的云计算、大数据、人工智能技术产品及应用场景解决方案。

（三）以服务为宗旨，以客户为中心

优刻得认为，真正的"客户为先"是为客户创造价值、和合共赢，以真诚和努力真正赢得客户的信任。

1. 坚持客户第一，开展定制化服务。优刻得推崇以用户需求为导向，深入了解用户的业务需求和技术挑战，提供定制化的云解决方案。公司建立了强大的客户支持体系，包括 7×24 小时的技术支持、客户服务热线和在线帮助中心，快速响应客户需求和问题，提供专业的技术咨询和故障排查，从售前咨询、方案设计、到售后运维，全程跟踪服务，确保客户问题得到及时、有效的解决。优刻得注重服务的质量和稳定性，公司通过提供高可用性和可靠性的服务，减少了用户因服务中断或数据丢失而遭受的损失。

2. 全面质量管理，完善监控系统。优刻得建立了全面的服务质量监控体系，实时监控各项服务指标，如系统性能、可用性、安全性等，一旦发现问题能及时预警并快速响应解决，提升服务质量。公司利用先进的云计算技术，实现资源的智能化管理和动态调度，确保资源利用率的同时，保障客户业务稳定运行，提供高效、灵活的云服务。同时，不断跟踪和研究最新的云计算技术和行业趋势，持续优化和升级自身产品和服务，以满足客户日益增长的精细化、个性化需求。

3. 调动员工积极性，抓住每一次服务机会。2023 年 2 月 13 日，一面来自客户的锦旗送到了优刻得成都办公室，上面写着"心系客户，专业真诚"几个大字，以表对优刻得备案同学的由衷感谢。该客户是 2015 年接入优刻得的一家社区物联网云服务客户，之前备案是在另一家接入企业，根据管局的特殊要求，主体负责人为香港人，主体证件号码需要填写为香港身份证号码。客户在原接入商处多次提交变更，都被驳回要求更换主体负责人身份证，原接入商处告知是需要联系工商局变更法人身份证后再变更，导致备案变更一直不成功。一个偶然在客户群交流的机会，了解到上述情况，公司的备案同学根据以往的工作经验给予了客户变更方案，并再次和管局确认，只需要变更备案主体负责人证件号码即可，客户再次提交后备案变更成功。虽然这只是一个很小的事情，但它秉承了优刻得"客户为先"的价值观，一定是从客户的角度出发，带着真诚，设身处地为客户着想，用自己的专业为客户提出最佳建议，从而获得客户的尊重，认可公司的专业能力，最终达成合作，建立对优刻得的信任。

供稿：王蛟

后 记

为更好地学习贯彻习近平总书记关于网络强国的重要思想和关于精神文明建设的重要论述，落实中共中央办公厅、国务院办公厅印发的《关于加强网络文明建设的意见》的精神，引导上海的互联网企业重视文化思想建设，在办网兴企的过程中大力弘扬社会主义核心价值观，全面推进文明办网、文明用网、文明上网、文明兴网，上海市网络文化协会组织编写了本书。

上海是我国互联网的重要策源地，也是互联网创新的前沿阵地，在这一过程中互联网企业发挥了重要作用。上海广大互联网企业高度重视文化建设和价值引领，内聚精神，外塑形象，充分调动员工的积极性，提高政治站位，强化使命担当，营造正文化、引导正方向、发挥正能量、打造正平台，本着造福人民的追求，用自身的创造为群众提供更多更好的物质和精神产品，让上海市民在共享互联网发展成果上有更多获得感。文化建设是上海互联网企业练好内功、提升内力、壮大发展的重要途径和手段，不少企业形成了自己的特色做法，形成宝贵的文化建设经验。上海市网络文化协会作为上海互联网企业的"文化之家"，从提升文化建设意识、促进文化建设高度的视角，组织会员单位在提炼概括有效做法的基础上形成了26篇文章，既是成果总结也是经验介绍，供广大互联网企业参考。

本书由协会会长何继良建议并策划，协会秘书长冯卫、副秘书长王程及办公室姚永华、丁宇娇参与了组稿工作，协会监事长徐正初承担了统稿工作。本书的出版得到上海三联书店出版社的大力支持，两位资深编辑方立平、方舟提供了专业支持，在此一并致谢。

编者

2024 年 6 月